प्रार्थना: दुनिया की स

शक्ति

राष्ट्र के लिए 10 मिलियन मध्यस्थों को संगठित करना

द्वारा

फ्रैंक सी. लाउबाक और ज़कारियास गॉडसीगल

पुस्तक के बारे में - प्रार्थना: विश्व की सबसे शक्तिशाली शक्ति - राष्ट्रों के लिए 10 मिलियन मध्यस्थों को संगठित करना

प्रार्थना की परिवर्तनकारी शक्ति को जानें - ***"प्रार्थना: दुनिया की सबसे शक्तिशाली शक्ति - राष्ट्रों के लिए 10 मिलियन मध्यस्थों को संगठित करना" एक सम्मोहक ईसाई गैर-काल्पनिक कृति है जो पाठकों से 10 मिलियन मध्यस्थों के आंदोलन को संगठित करने का आग्रह करती है।*** **फ्रैंक सी. लॉबाच और जकारियास गॉडसीगल** द्वारा लिखित यह पुस्तक इस बात पर जोर देती है कि प्रार्थना एक शक्तिशाली शक्ति है जो जीवन, राष्ट्रों और पूरी दुनिया को बदलने में सक्षम है।

यह पुस्तक व्यक्तियों को नेताओं, समुदायों और व्यक्तिगत सफलता के लिए साहसपूर्वक और लगातार प्रार्थना करने की चुनौती देती है, तथा प्रार्थना के प्रभाव के ऐतिहासिक उदाहरणों और साक्ष्यों पर प्रकाश डालती है। कार्य योजनाओं, चिंतन प्रश्नों और व्यक्तियों और समूहों के लिए जर्नलिंग अनुभागों के साथ, यह पुस्तक पाठकों को उनके प्रार्थना जीवन को गहरा करने के लिए तैयार करती है और राष्ट्रों के लिए सामूहिक मध्यस्थता को प्रोत्साहित करती है।
चाहे आप अस्त-व्यस्त दुनिया में शक्तिहीन महसूस करते हों या ईश्वरीय हस्तक्षेप की इच्छा रखते हों, फ्रैंक और जकारियास की कार्यवाही का आह्वान आपको इस बात का समर्थन करने वाली सच्ची कहानियों के साथ गहन महत्व के आध्यात्मिक साहसिक कार्य में भाग

लेने के लिए प्रेरित करेगा। प्रार्थना करने के आह्वान को स्वीकार करें और दुनिया में एक स्थायी बदलाव लाएँ।

यह 1945 की मूल कृति का सातवां संस्करण है।

जकारियास गॉडसीगल

Table of Contents

परिचय
प्रार्थना: विश्व की सबसे शक्तिशाली शक्ति - राष्ट्रों के लिए 10 मिलियन मध्यस्थों को संगठित करना

क्या होगा अगर मैं आपसे कहूँ कि आपके पास **दुनिया की सबसे शक्तिशाली ताकत** है - राजनीति, पैसे या सैन्य ताकत से भी बड़ी ताकत? क्या होगा अगर राष्ट्रों को बदलने, दिलों को भरने और अपने जीवन को बदलने की कुंजी पहले से ही आपके हाथों में हो?
वह शक्ति **प्रार्थना है।**

पूरे इतिहास में, **प्रार्थना ने पहाड़ों को हिलाया है, युद्धों को रोका है, बीमारों को ठीक किया है, और असंभव दरवाज़े खोले हैं** । यह सिर्फ़ एक धार्मिक आदत नहीं है - यह **ईश्वर की शक्ति से सीधा संबंध है।** फिर भी, बहुत से लोग **इसे कम आंकते हैं, इसकी उपेक्षा करते हैं, या इस पर पूरी तरह से विश्वास नहीं करते हैं।**

इसके बारे में सोचिये:

- यदि **एक मनुष्य की प्रार्थना** सूर्य को स्थिर कर सकती है (यहोशू 10:12-14), तो आपकी प्रार्थना क्या कर सकती है?
- यदि **एक महिला की प्रार्थना** एक राष्ट्र की नियति बदल सकती है (एस्तेर 4:16), तो आपकी प्रार्थनाएं विश्व को कैसे आकार दे सकती हैं?

- यदि **विश्वास की एक प्रार्थना** मृतकों को जीवित कर सकती है (यूहन्ना 11:41-44), तो आपकी प्रार्थनाओं में कौन सी सफलताएं प्रतीक्षा कर रही हैं?

सच तो यह है कि **हम दुनिया को बदल सकते हैं - यदि हममें से पर्याप्त लोग प्रार्थना करें।**

प्रार्थना के लिए ऐसा आह्वान जैसा पहले कभी नहीं हुआ

अभी हम **अनिश्चितता, संघर्ष और भय के दौर में जी रहे हैं** । सरकारें संघर्ष कर रही हैं, परिवार टूट रहे हैं और लोग खुद को खोया हुआ महसूस कर रहे हैं। लेकिन अंधकार के बीच **एक उपाय है जो कभी विफल नहीं हुआ है - प्रार्थना।**

यह पुस्तक, " **प्रार्थना: दुनिया की सबसे शक्तिशाली शक्ति - राष्ट्रों के लिए 10 मिलियन मध्यस्थों को जुटाना**" केवल इस बारे में नहीं है कि प्रार्थना **क्यों** काम करती है - यह इस बारे में है **कि किस** तरह से प्रार्थना करें जिससे आपके जीवन, आपके समुदाय और दुनिया में ईश्वर की शक्ति का संचार हो। **प्रत्येक अध्याय आपको साहसपूर्वक, लगातार और अटूट विश्वास के साथ प्रार्थना करने के लिए चुनौती देगा।**

जब आप यह पुस्तक समाप्त करेंगे, तब आप:

- **प्रार्थना की शक्ति को पहले कभी न समझे गए तरीके से समझें।**

- **जानें कि नेताओं, राष्ट्रों और विश्व परिवर्तन के लिए प्रार्थना कैसे करें।**

- **ईश्वर के साथ गहरी आत्मीयता का अनुभव करें।**

- **अपने जीवन में प्रार्थना के वास्तविक उत्तर देखें।**

- **प्रार्थना के आंदोलन में दूसरों का नेतृत्व करने के लिए तैयार रहें।**

- **आप 2045 से पहले राष्ट्रों के लिए 10 मिलियन मध्यस्थों में शामिल होने के लिए प्रेरित और उत्साहित होंगे।**

प्रश्न यह है: **क्या आप हमारे विश्व के लिए प्रार्थना करने वाले 10 मिलियन मध्यस्थों में शामिल होने के लिए तैयार हैं?**

यदि आप इस अस्त-व्यस्त संसार में शक्तिहीन महसूस करते-करते थक गए हैं...
यदि आप ईश्वर को चमत्कारी ढंग से कार्य करते हुए देखना चाहते हैं... यदि आप अपने जीवन के **सबसे महान आध्यात्मिक साहसिक कार्य में कदम रखने के लिए तैयार हैं...**

तो फिर चलिए शुरू करते हैं।

क्योंकि **फ्रैंक सी. लाउबाक के अनुसार प्रार्थना महज एक अभ्यास नहीं है - यह दुनिया की सबसे शक्तिशाली शक्ति है।**
प्रार्थना: विश्व की सबसे शक्तिशाली शक्ति फ्रैंक सी. लाउबाक द्वारा लिखी गई थी और 1 जनवरी 1946 को प्रकाशित हुई थी।

उनका इरादा राष्ट्रों के लिए मध्यस्थता करने के लिए 10 मिलियन आत्माओं को संगठित करना था। यह पुस्तक समकालीन अंग्रेजी में फ्रैंक के काम पर एक विस्तारित कार्य है जिसमें सारांश, व्यक्तियों और समूह सेटिंग के लिए कार्य योजनाएं प्रत्येक अध्याय के अंत में जर्नलिंग के साथ हैं।

यह पुस्तक किस बारे में है?

- यह पुस्तक मध्यस्थतापूर्ण प्रार्थना की शक्ति के बारे में है।
- इसमें द्वितीय विश्व युद्ध के दौरान विभिन्न संघर्षों के दौरान प्रार्थना के काम करने के उदाहरण शामिल हैं।
- लाउबाक फिलीपीन द्वीपसमूह के मिंडानाओ में मुसलिन मोरोस के बीच एक मिशनरी शिक्षक और उपदेशक थे।
- इस पुस्तक को ईसाई गैर-काल्पनिक पुस्तक माना जाता है।

किताब क्यों पढ़ें?

- केवल अपने लिए ही नहीं, बल्कि दूसरों के लिए भी प्रार्थना करने के महत्व के बारे में सीखना।
- प्रार्थना करते समय संसार का वृहद और सूक्ष्म दृष्टिकोण अपनाने के बारे में सीखना।
- विश्व नेताओं के लिए लोगों द्वारा प्रार्थना करने के महत्व के बारे में जानना।

आपको क्या कार्रवाई करनी चाहिए?

आप इस लिंक के माध्यम से फेसबुक पर 10 मिलियन मूवमेंट समुदाय में शामिल हो सकते हैं –

https://www.otakada.org/facebookintercessory

आप इस लिंक के माध्यम से व्हाट्सएप पर 10 मिलियन इंटरसेसर्स समुदाय में शामिल हो सकते हैं -

https://www.otakada.org/whatsappintercessory

आप इस लिंक के माध्यम से गॉड्स ईगल मिनिस्ट्रीज़ (GEM) में 10 मिलियन इंटरसेसर्स आंदोलन समन्वयकों के बारे में जान सकते हैं - https://www.otakada.org

आप दूसरी तरफ देखिए!

गॉड्स ईगल मिनिस्ट्रीज़ (GEM) अंतिम समय के लिए मध्यस्थों की सेना!

मध्यस्थता उद्धरण

"चर्च ने अभी तक मध्यस्थता प्रार्थना की संभावनाओं के किनारे को नहीं छुआ है। उसकी सबसे बड़ी जीत तब देखी जाएगी जब हर जगह के व्यक्तिगत ईसाई ईश्वर के प्रति अपने पुरोहितत्व को पहचानेंगे और दिन-प्रतिदिन खुद को प्रार्थना में समर्पित करेंगे।" (जॉन मॉट)

"मनुष्यों के लिए मध्यस्थता करना सबसे शक्तिशाली और व्यावहारिक तरीका है जिससे हम उनके प्रति अपना प्रेम व्यक्त कर सकते हैं।" (जॉन कैल्विन)

"यीशु मसीह स्वर्ग में हमारे लिए मध्यस्थता करता है; पवित्र आत्मा पृथ्वी पर हमारे लिए मध्यस्थता करता है; और हम संतों को सभी मनुष्यों के लिए मध्यस्थता करनी है।" (ओसवाल्ड चेम्बर्स)

"हमारे लिए यीशु की मध्यस्थता शैतान द्वारा हमारे विरुद्ध लगाए गए आरोप से अधिक शक्तिशाली है।" (माइक बिकल)

"ईश्वर हमें विवेक इसलिए नहीं देता कि हम आलोचना करें, बल्कि इसलिए देता है कि हम मध्यस्थता करें।" (ओसवाल्ड चेम्बर्स)

"विवेक ईश्वर की ओर से मध्यस्थता के लिए आह्वान है, दोष खोजने के लिए नहीं।" (कोरी टेन बूम)

"प्रार्थना का दायरा व्यापक होना चाहिए - इसमें दूसरों के लिए निवेदन करना चाहिए। दूसरों के लिए मध्यस्थता करना सभी सच्ची प्रार्थनाओं की पहचान है। जब प्रार्थना केवल अपने तक ही सीमित

होती है और किसी की व्यक्तिगत ज़रूरतों के दायरे तक सीमित होती है, तो वह अपनी छोटीपन, संकीर्णता और स्वार्थ के कारण मर जाती है।" (एडवर्ड मैकेंड्री बाउंड्स)

"सभी महत्वपूर्ण प्रार्थनाएँ मनुष्य की जीवन शक्ति को खत्म कर देती हैं। सच्ची मध्यस्थता एक बलिदान है, एक खून बहाने वाला बलिदान।" (जॉन हेनरी जोवेट)

"हमारी प्रार्थनाएँ वह रास्ता तय करती हैं जिस पर ईश्वर की शक्ति आ सकती है। एक शक्तिशाली इंजन की तरह, उसकी शक्ति अप्रतिरोध्य है, लेकिन यह बिना रेल के हम तक नहीं पहुँच सकती।" (वॉचमैन नी)

"यदि आप एक मध्यस्थ हैं, तो आप कई ज़रूरतों को देखते हैं, लेकिन आप कई प्रार्थनाओं का उत्तर भी देखेंगे।" (भविष्यसूचक चौराहा)

"इतिहास मध्यस्थों का है - जो विश्वास करते हैं और भविष्य के लिए प्रार्थना करते हैं।" (वाल्टर विंक)

"ईश्वर सबसे भारी बोझ उन पर डालता है जो उसका भार उठा सकते हैं।" (लेखक अज्ञात)

"आराधना इस बात से सहमत होना है कि परमेश्वर कौन है, जबकि मध्यस्थता इस बात से सहमत होना है कि परमेश्वर ने क्या करने का वादा किया है।" (लेखक अज्ञात)

"मध्यस्थ प्रार्थना को घुटनों के बल बैठकर अपने पड़ोसी से प्रेम करने के रूप में परिभाषित किया जा सकता है।" (चार्ल्स बेंट)

"मध्यस्थता ईसाईयों के लिए वास्तव में सार्वभौमिक कार्य है। कोई भी स्थान मध्यस्थता प्रार्थना के लिए बंद नहीं है। कोई महाद्वीप नहीं - कोई राष्ट्र नहीं - कोई संगठन नहीं - कोई शहर नहीं - कोई कार्यालय नहीं। पृथ्वी पर ऐसी कोई शक्ति नहीं है जो मध्यस्थता को रोक सके।" (रिचर्ड हैल्चरसन)

"मध्यस्थता की शक्ति अंतरंगता का फल है। दोनों में कोई अंतर नहीं है।" (कोरी रसेल)

"मध्यस्थता सबसे निःस्वार्थ कार्य है जो कोई भी कर सकता है।" (पॉल बिलहाइमर)

"जितना अधिक समय हम प्रार्थना में उन लोगों के लिए मध्यस्थता में बिताते हैं जो अधिकार में हैं; उतना ही अधिक हम वास्तव में अपने लिए मध्यस्थता कर रहे हैं।" (कैरोल हेल्मिक)

"एक ईसाई बिरादरी अपने सदस्यों की एक दूसरे के लिए मध्यस्थता द्वारा जीवित रहती है और अस्तित्व में रहती है, अन्यथा यह ढह जाती है।" (डिट्रिच बोन्होफ़र)

"मध्यस्थता का अर्थ है उस व्यक्ति के प्रति मसीह के मन को प्राप्त करने के लिए स्वयं को ऊपर उठाना जिसके लिए हम प्रार्थना कर रहे हैं।" (ओसवाल्ड चेम्बर्स)

"मसीह की मध्यस्थता हमारे उद्धार के लिए उसकी मृत्यु का निरंतर अनुप्रयोग है।" (जॉन कैल्विन)

"हर तरह की प्रार्थना, न केवल मध्यस्थता वाली प्रार्थना, जो कि सबसे उच्च प्रकार की प्रार्थना है, बल्कि सबसे निम्न प्रकार से लेकर सबसे उच्च प्रकार तक की सभी प्रार्थनाएँ, ज्ञात और स्वीकृत पाप के जीवन में असंभव है।" (अलेक्जेंडर व्हाइट)

मध्यस्थता प्रार्थनाओं के प्रभाव पर सच्ची कहानियाँ

डेविड लिविंगस्टोन के 39 योद्धा अफ्रीका में

मध्यस्थता के महत्व और शक्ति पर यह कहानी डेविड लिविंगस्टोन द्वारा बताई गई है, जो 19वीं शताब्दी में स्कॉटलैंड से अफ्रीका तक के एक खोजकर्ता मिशनरी थे।

डेविड लिविंगस्टोन

डेविड अफ्रीका में खोजकर्ता मिशनरी कैसे बने? उन्होंने एक अन्य मिशनरी की कहानी सुनी। यह मिशनरी, अफ्रीका में लंबे समय तक रहने के बाद, अपने काम और मंत्रालय की रिपोर्ट करने और अफ्रीका जाने के लिए और अधिक मजदूरों को बुलाने के लिए स्कॉटलैंड में अपने भेजे चर्च में लौट आया। वह चर्च में पहुंचा; सर्दी, ठंड और बारिश हो रही थी। वहाँ बहुत से लोग नहीं आए थे, और वह थोड़ा निराश था।

उपस्थित लोगों में से बहुत से लोग बुज़ुर्ग थे। यह बहुत अच्छी बात थी कि वे वहाँ थे, लेकिन वे मिशन क्षेत्र के लिए उपयुक्त नहीं थे। फिर भी उन्हें लगा कि उन्हें वही संदेश देना चाहिए, इसलिए उन्होंने संदेश देना जारी रखा।
उन्होंने बताया कि उन्हें और अधिक मज़दूरों की ज़रूरत है और बातचीत समाप्त कर दी। उन्होंने बातचीत इस तरह समाप्त की:

“कौन जाएगा? कौन जाएगा? कौन जाएगा?”
उसे नहीं पता था कि ऑर्गन बजाने वाले के साथ एक छोटा लड़का भी था। जैसे ही ऑर्गन बजा, लड़का खड़ा हो गया और चिल्लाया, "मैं जाऊँगा! मैं जाऊँगा! मैं जाऊँगा!" उस छोटे लड़के का नाम डेविड लिविंगस्टोन था।
फिर उन्होंने डेविड को सलाह दी, "अगर भगवान ने तुम्हें अफ्रीका बुलाया है, तो मेरा सुझाव है कि तुम मेडिकल डॉक्टर बनो, और तुम मेडिकल मिशनरी के तौर पर अफ्रीका जा सकते हो।" डेविड बड़ा हुआ, मेडिकल स्कूल गया, और डॉक्टर बन गया। फिर वह मेडिकल मिशनरी के तौर पर अफ्रीका गया और अथक परिश्रम किया।

वे एक खास जनजाति तक पहुँचने की कोशिश कर रहे थे, और यह बहुत मुश्किल था। मुखिया ने उसे एक संदेश भेजा, जिसमें कहा गया था, "हम आज रात आएँगे, और हम तुम्हें और तुम्हारे परिसर में मौजूद सभी लोगों को मार डालेंगे।"

अब, हम इस कहानी के हर विवरण को इसलिए जानते हैं क्योंकि मैंने इस पर शोध किया है। डेविड लिविंगस्टोन ने डायरी रखी थी, और यह सब उसमें लिखा है। अपनी डायरी में, उन्होंने लिखा, "प्रभु, हमने इतनी ईमानदारी से काम किया है। कृपया, कृपया हमारी रक्षा करें। कृपया

हमारी मदद करें।" उन्हें डर था कि क्या हो सकता है, उन्हें चिंता थी कि उनकी सेवकाई नष्ट हो जाएगी और हर कोई मर जाएगा। लेकिन उन्होंने उन्हें नहीं मारा। कुछ साल बाद, उन्होंने अंततः जनजाति के प्रमुख को यीशु से मिलवाया, और पूरे समुदाय ने धर्म परिवर्तन किया और उनका अनुसरण किया।
डेविड लिविंगस्टोन ने बाद में चीफ से कहा, "आपने मुझे संदेश भेजा था कि आप आकर मुझे और परिसर में मौजूद सभी लोगों को मार डालेंगे।" चीफ ने जवाब दिया, "हां, हम आए थे।" डेविड ने पूछा, "आपने हमें क्यों नहीं मारा?"

मुखिया ने कहा, "जब हम परिसर में आए, तो हमने परिसर को घेरे हुए 39 दिग्गजों को देखा। हमने उनकी गिनती की - वे बड़े योद्धा थे, और परिसर को घेरे हुए उनमें से 39 थे।"
कुछ साल बाद, डेविड लिविंगस्टोन स्कॉटलैंड में अपने चर्च में वापस लौटे और उन्होंने वह कहानी सुनाई। बैठक के अंत में, चर्च के सचिव ने उनसे संपर्क किया और कहा, "डॉक्टर लिविंगस्टोन, क्या आपको वह तारीख याद है जब मुखिया आकर आपको मारने वाला था?"

उसने उत्तर दिया, “बेशक मुझे तारीख पता है।” उसने उसे तारीख बताई। चर्च के सचिव ने चर्च की डायरी खोली और उसे दिखाया कि उस तारीख को स्कॉटलैंड के चर्च में 39 लोग उसके लिए प्रार्थना कर रहे थे - और परिसर के चारों ओर 39 योद्धा थे।

“यह मत कहो कि यह संयोग है।”

डेविड लिविंगस्टोन का अफ्रीका में अनुभव – प्रार्थना का प्रभाव

यह किसी के जीवन में ईश्वर की शक्ति के बारे में अविश्वसनीय और शक्तिशाली गवाही है, खासकर जब यह अफ्रीका में अपनी मिशनरी यात्रा के दौरान डेविड लिविंगस्टोन के जीवन में प्रार्थना और सेवा के जीवन से संबंधित है।

डेविड लिविंगस्टोन का जन्म 1813 में स्कॉटलैंड के ब्लैंटायर में हुआ था। उनका जन्म ऐसे घर में हुआ था जहाँ उनके पिता उन्हें घुटनों के बल बिठाकर महान मिशनरी कारनामों की कहानियाँ सुनाते थे, खास तौर पर डच मिशनरी कार्ल गुटज़लाफ़ की कहानियाँ, जो मेडिकल मिशनरी के रूप में भी काम करते थे। युवा डेविड अपने पिता की आँखों में देखते थे और कहते थे, "आप जानते हैं, डैडी, एक दिन मैं भी ऐसा ही आदमी बनूँगा। मैं एक मिशनरी बनना चाहता हूँ। मैं एक डॉक्टर बनना चाहता हूँ। मैं भगवान की सेवा करना चाहता हूँ।"

डेविड लिविंगस्टोन एक दिन घुटनों के बल बैठ गए और यह प्रार्थना की, "हे प्रभु, मुझे कहीं भी भेजो, बस मेरे साथ चलो। मुझ पर कोई भी बोझ डालो, बस मुझे संभालो। सभी बंधन तोड़ दो, लेकिन जो बंधन मुझे तुम्हारी सेवा और तुम्हारे हृदय से बांधते हैं, उन्हें तोड़ दो" और परमेश्वर के वचन उनके पास आए "देखो, मैं हमेशा तुम्हारे साथ हूँ, यहाँ तक कि युग के अंत तक।"

उसने अपना सामान बांधा और अफ्रीका चला गया। और जब उसने दूर से अफ्रीका की एक झलक देखी, तो उसने अपनी डायरी में ये शब्द

लिखे: "सुबह के सूरज में हज़ारों गांवों के धुएँ का भयावह भूत मेरे दिल में जल रहा है।"
उन्होंने प्रसिद्ध मोफ़ैट परिवार की एक महिला से विवाह किया - उसका नाम मैरी था। उसके पिता एक महान मिशनरी थे। वे अफ्रीका गए। लेकिन डेविड लिविंगस्टोन का जीवन एक खोजकर्ता का था और वह एक स्थान से दूसरे स्थान पर जाता रहता था और उसका एकमात्र लक्ष्य हजारों पुरुषों और महिलाओं के दिलों और जीवन में यीशु को स्थापित करना था।

आखिरकार उसकी पत्नी और उसका युवा परिवार अब उसके साथ नहीं रह सकता था। उसके कुछ बच्चे बीमारी और रोग से मर रहे थे इसलिए उसने अपनी पत्नी से कहा, "मेरी, तुम उन्हें घर क्यों नहीं ले जाती, और मैं जल्द ही तुमसे मिलूंगा और तुम्हारे साथ कुछ समय बिताऊंगा। हमारे लिए आगे जाना बहुत खतरनाक है।"
इसलिए उसने अपनी प्रिय पत्नी मैरी को वापस घर भेज दिया और पत्रों का आदान-प्रदान करने में महीनों लग गए, लेकिन प्रेम और रोमांस के कुछ सबसे प्यारे पत्र डेविड और मैरी के बीच भेजे गए और आपको पता है कि उसने उसे अगली बार कब देखा? पाँच सप्ताह नहीं। पाँच महीने नहीं। पाँच साल।

पाँच साल बाद जब उसने अपनी पत्नी को देखा, तो वह उसे पहचान नहीं पाई क्योंकि एक बार जंगल में प्रचार करने के लिए जाते समय वह एक पेड़ की शाखा से टकरा गया था जिससे उसकी एक आँख पूरी तरह से अंधी हो गई थी और दूसरी आँख खराब हो गई थी। उसका चेहरा अफ़्रीकी धूप में जलकर चमड़े की तरह हो गया था और उसकी त्वचा, जिस पर रंग नहीं था, इस हद तक जल गई थी कि उसका शरीर अब और नहीं सह सकता था। उसका चेहरा खराब हो गया था और उस पर निशान पड़ गए थे और उसकी आँख अंधी हो गई

थी और एक बार उस पर एक शेर ने हमला किया था जिसने उसके एक कंधे को फाड़ दिया था। वह चमत्कारिक ढंग से बच गया।

अब उसने अपने पति को एक क्षत-विक्षत चेहरे और विकृत शारीरिक चेहरे के साथ लंगड़ाते हुए आते देखा। उसके आने से कुछ घंटे पहले, उन्होंने उसके पिता को दफ़नाया था। डेविड रोया क्योंकि वह अपने पिता को उन कहानियों के बारे में बताना चाहता था जो उसके पिता ने उसे केवल तीसरे हाथ से बताई थीं।
जीवनी संबंधी रेखाचित्रों से हमें पता चलता है कि जब डेविड लिविंगस्टोन ब्रिटिश द्वीप समूह के किसी विश्वविद्यालय में प्रवेश करते थे, तो छात्र और प्राध्यापक खड़े होकर तालियां बजाते थे, क्योंकि वे जानते थे कि वे एक विशालकाय व्यक्ति की उपस्थिति में खड़े हैं।

आखिरकार एक दिन वह अपनी पत्नी के पास वापस गया और उसने कहा, "मैरी, सुबह की धूप में हज़ारों गांवों के धुएं का भूतिया भूत अभी भी मेरे दिल में जल रहा है। हमें वापस जाना है।" उसने फैसला किया कि उसे जाना चाहिए - उसे बच्चों के साथ रहना था। उसने कहा, "जब वे सभी बड़े हो जाएंगे तो मैं फिर से तुम्हारे साथ आ जाऊंगी, डेविड।" और वह अफ्रीकी लोगों को उपदेश देने के लिए अपनी एकाकी यात्रा पर निकल पड़ा, जो उसके दिल में बसा हुआ था।

आखिरकार लंबे समय के बाद मैरी उसके साथ जुड़ गई और जिस दिन उसने अफ्रीकी धरती पर कदम रखा, उसे एक बीमारी हो गई जिससे वे बहुत डरते थे। जिस दिन उसने अफ्रीका में कदम रखा, उसी दिन उसे वह बीमारी हो गई और कुछ दिनों बाद, वह उसे दफना रहा था।

एक प्रत्यक्षदर्शी ने बताया कि डेविड लिविंगस्टोन को वहां अफ्रीकी धरती की मिट्टी में दफनाया गया था और वह दिल खोलकर रो रहा था। उन्होंने उसे प्रार्थना करते हुए सुना, "मेरे यीशु, मेरे राजा, मेरा जीवन, मेरा सब कुछ, मैं फिर से अपना जीवन तुम्हें समर्पित करता हूं। मैं अपने पास मौजूद किसी भी चीज़ या मेरे द्वारा किए जाने वाले किसी भी काम को आपके राज्य और आपकी सेवा के अलावा किसी भी चीज़ के लिए महत्व नहीं दूंगा।"
इस सबके बीच परमेश्वर के वचन मेरे हृदय में आये, उन्होंने कहा, "देखो, मैं सदैव तुम्हारे साथ हूँ, जगत के अंत तक।"

उसने अपना सामान उठाया और अपने गृहनगर उजीजी गांव की ओर चल पड़ा। जब वह वहां पहुंचा और अपने छोटे से घर में गया, तो उसने पाया कि किसी ने उसके साथ क्रूर मजाक किया था और उसकी दवा चुरा ली थी जिसकी उसे बहुत जरूरत थी क्योंकि उसका शरीर दर्द से तड़प रहा था, बेहिसाब दर्द। वह लगातार पीड़ा में चल रहा था। और उन्होंने कहा कि उसके जीवन के बहुत कम बिंदुओं में से एक में, उसने अपने लिए प्रार्थना की, वह अपने घुटनों पर बैठा और कहा, "भगवान, आपने वादा किया था कि आप हमेशा मेरे साथ रहेंगे! अगर मुझे सुसमाचार का प्रचार करना जारी रखना है तो मुझे उस दवा की आवश्यकता है!"

जब वह प्रार्थना कर रहा था, तो उसने कदमों की आवाज़ सुनी, और जैसा कि कहानी में बताया गया है, उसने अपने सामने एक जोड़ी पैरों को देखा और लंबे समय में पहली बार उसका चेहरा ऊपर उठा - वह एक गोरे आदमी के चेहरे को देख रहा था जो अफ्रीका में नहीं रहता था। उसने पूछा, "आप कौन हैं, सर?" और उस आदमी ने जवाब दिया, "डॉक्टर लिविंगस्टोन, मुझे लगता है?" (वे प्रसिद्ध शब्द) उसने कहा, "हाँ, सर।"

"मि. लिविंगस्टोन, मैं एक प्रेस रिपोर्टर हूँ, मुझे आपके जीवन पर एक स्टोरी करने के लिए नियुक्त किया गया है। मैं चाहता हूँ कि आप मेरे बारे में दो बातें जानें। पहली बात, मैं धरती पर सबसे बड़ा घमंडी नास्तिक हूँ। कृपया मुझे बदलने की कोशिश न करें। दूसरी बात, किसी ने आपके लिए कुछ दवा भेजी है।"
डेविड ने कहा, “कृपया मुझे दवा दे दो।”
इसलिए श्री हेनरी एम. स्टेनली ने डेविड लिविंगस्टोन के साथ यात्रा करना शुरू कर दिया। चार महीने बाद, पृथ्वी पर सबसे बड़ा घमंडी नास्तिक अफ्रीकी धरती पर घुटने टेककर यीशु मसीह को अपना जीवन दे दिया।

डेविड लिविंगस्टोन पर आपने अब तक पढ़ी गई सबसे बेहतरीन जीवनियों में से एक - हेनरी एम. स्टेनली द्वारा लिखित "लिविंगस्टोन ऑफ अफ्रीका" शीर्षक से दो खंड। स्टेनली ने कहा, "उस मसीह जीवन की शक्ति अद्भुत थी और मुझे दृढ़ निश्चय करना पड़ा। मैं अब और नहीं रुक सकता था।"

अंत में उनका शरीर तेज बुखार और दर्द से सिकुड़ने लगा (वे उन्हें स्ट्रेचर पर गांव-गांव ले जाते थे)। एक दिन, स्ट्रेचर पर लेटे-लेटे प्रचार करते हुए, सचमुच कांपते हुए, उन्होंने आखिरकार अपने दो राष्ट्रीय भाइयों की ओर देखा और कहा, “कृपया मुझे वापस घर ले चलो। मैं बहुत बीमार हूँ। मैं बहुत थक गया हूँ, मुझे थोड़ी नींद चाहिए।” वे उसे वापस उसके घर ले आए और उसे बिस्तर पर गिराने ही वाले थे कि उसने कहा, “नहीं, कृपया मुझे घुटनों के बल पर लेटाओ।”

लिविंगस्टोन अपने बिस्तर के किनारे घुटनों के बल बैठ गया और अपने हाथ जोड़कर प्रार्थना करने लगा। उसकी प्रार्थनाएँ इतनी गहरी थीं,

उसका आश्रय इतना अनोखा था कि उसके अफ्रीकी भाइयों को लगा कि ईश्वर के साथ उसके एकत्व/संगम में रहना ईशनिंदा है और वे उसके छोटे से कमरे से बाहर चले गए।

तभी कोई दौड़ता हुआ आया और बोला, "मुझे कुछ देर के लिए मिस्टर लिविंगस्टोन से मिलना है।" उन्होंने कहा, "शश! चुप हो जाओ, कृपया। वह प्रार्थना कर रहा है।" पाँच मिनट बीत गए, उन्होंने अंदर देखा। वह अभी भी घुटनों के बल पर था। कई मिनट बाद, उन्होंने अंदर देखा। वह अभी भी घुटनों के बल पर था। काफी समय बीतने के बाद, उन्होंने अंदर देखा। वह अभी भी घुटनों के बल पर था।

उनमें से एक को लगा कि वह आदमी बहुत थका हुआ है और प्रार्थना करना जारी नहीं रख सकता। उसे थोड़ी नींद की ज़रूरत थी। वह उसके पास गया और उनमें से एक ने उसे कंधों से हिलाते हुए पूछा, "वाना? वाना?"
लिविंगस्टोन गिर पड़ा। वह मर चुका था।
वह ठीक उसी तरह मरा जैसे वह जीया था – अपने प्रभु की उपस्थिति में।

वह उसकी आवाज़ से भागा नहीं। उसने ऐसा कोई दीपक नहीं हिलाया जिसमें रोशनी न हो। उसने किसी सांसारिक सुख के लिए अपनी आत्मा नहीं बेची। लेकिन हज़ारों गाँवों के धुएँ का भूत उसके दिल में जल गया था ताकि वह कह सके, "मेरे यीशु, मेरे राजा, मेरा जीवन, मेरा सब कुछ, मैं फिर से अपने आप को तुम्हारे लिए समर्पित करता हूँ।"

आप क्या देने को तैयार हैं? समर्पण की आपकी प्रार्थना क्या है? शायद आपका बुलावा अफ्रीका के लिए नहीं है; हालाँकि, जहाँ आप

हैं, वहीं आपको क्या करने के लिए बुलाया जा रहा है? ईश्वर हम सभी को सेवा के लिए धीरे से बुला रहा है।

मुझे पुरानी सुसमाचार पंक्ति याद आ रही है:

अब फसल पक चुकी है, सभी को काम करना है,
सुनो, मालिक की आवाज़ तुम्हें बुला रही है, फसल की ओर, तुम्हें बुला रही है।
क्या वह स्थान जहाँ आपको काम करने के लिए बुलाया गया है, इतना छोटा और कम जाना-पहचाना लगता है?
यदि परमेश्वर इसमें है तो यह बहुत अच्छी बात है, क्योंकि वह अपने लोगों को नहीं छोड़ेगा।
थोड़ा बहुत है, यदि ईश्वर इसमें है, तो धन या प्रसिद्धि के लिए परिश्रम मत करो
यह एक मुकुट है और आप इसे जीत सकते हैं, यदि आप यीशु के नाम पर जाएंगे
जब यहाँ संघर्ष समाप्त हो जाएगा, और पृथ्वी पर हमारी दौड़ पूरी हो जाएगी
यदि आप वफादार रहे हैं तो वह कहेंगे, "घर में स्वागत है, मेरे बच्चे, बहुत अच्छा किया!"
थोड़ा बहुत है, यदि ईश्वर इसमें है, तो धन या प्रसिद्धि के लिए परिश्रम मत करो
यह एक मुकुट है और आप इसे जीत सकते हैं, यदि आप यीशु के नाम पर जाएंगे

कैसे मध्यस्थता प्रार्थना ने मेरे जीवन को बदल दिया, इसकी कहानियाँ

वर्जीनिया में एक ठंडी सुबह, जब मैं अपनी 12 वर्षीय बेटी केली को उसके दंत चिकित्सक के पास ले जा रहा था, तो मैंने खुद को एक अपरिचित क्षेत्र में पाया। आगे विभाजित राजमार्ग फैला हुआ था, कंक्रीट के कर्ब लगे हुए थे, और, जैसे ही मैंने एक सड़क नंबर को देखने पर ध्यान केंद्रित किया, मैं सड़क पर नज़र खो बैठा। यह जीपीएस की सुविधा से पहले का समय था, और अचानक मैंने अपना ध्यान वापस सड़क पर लगाया, केवल यह देखने के लिए कि एक खराब वाहन सीधे हमारे रास्ते में खड़ा था।

बिना सोचे-समझे, मैंने टक्कर से बचने के लिए बाईं लेन में गाड़ी घुमाई और फिर कार को पास करने के बाद जल्दी से अपनी लेन में वापस आ गया। "मैं ठीक हूँ!" केली ने मुझे आश्वस्त किया, यह एक ऐसा वाक्य है जो वह अक्सर हमारे जोखिम भरे ड्राइविंग पलों के बाद इस्तेमाल करती है। हालाँकि, इस बार, यह बिल्कुल भी हल्का-फुल्का नहीं लगा।

मेरा दिल तेज़ी से धड़क रहा था क्योंकि मुझे लगा कि ईश्वरीय सुरक्षा की भावना ने हमें घेर लिया है। "भगवान का शुक्र है कि उस लेन में कोई और नहीं था!" मैंने सोचा, आभारी हूँ कि मैंने सही समय पर पीछे देखा था; अन्यथा, परिणाम विनाशकारी हो सकता था। दंत चिकित्सक के कार्यालय में पहुँचने पर, मुझे पता चला कि हमारा रास्ता रोकने वाली कार क्लिनिक के एक हाइजीनिस्ट की थी।

मुझे उसे यह न बताने के लिए बहुत संयम बरतना पड़ा कि उसकी गाड़ी लगभग एक घातक दुर्घटना का कारण बन गई थी, इसके बजाय मुझे एहसास हुआ कि मैं ही वह व्यक्ति था जिसने क्षण भर के लिए अपना ध्यान खो दिया था। बाद में, केली को स्कूल छोड़ने के बाद, मैं चर्च के कार्यालय में पहुँचा, जहाँ हमारी समर्पित स्वयंसेवक, लिंडी ब्रुगिंक को लगा कि कुछ गड़बड़ है। “क्या तुम ठीक हो?” उसने पूछा। “मुझे आज सुबह तुम्हारे और केली के लिए प्रार्थना करने की तीव्र इच्छा हुई - और मुझे बस सब कुछ रोककर बीच-बचाव करना पड़ा।”

मैं खुद को रोक नहीं पाया और रो पड़ा, यह समझते हुए कि प्रार्थना करने की उसकी इच्छा ने उस दिन हमारी जान बचाई होगी। उसके साथ विवरण साझा करते हुए, हम दोनों ने उसकी प्रार्थनाओं के माध्यम से भगवान के काम के लिए कृतज्ञता से अभिभूत महसूस

किया। वर्षों से, मैंने कई बार इस दिव्य हस्तक्षेप का अनुभव किया है, चाहे मैं उन लोगों को जानता हूँ या नहीं जो मेरे लिए प्रार्थना कर रहे हैं - कभी-कभी मुझे स्वर्ग पहुँचने तक उनकी वफादार मध्यस्थता का पता नहीं चलता! इसी तरह, मैं दूसरों के लिए खड़े होने के लिए भाग्यशाली रहा हूँ। एक मार्मिक उदाहरण तब हुआ जब एक बवंडर ने हमारे घर समूह के एक परिवार को तबाह कर दिया।

डेविड, पति, अपनी पत्नी और बच्चों को रोकने के लिए बेताब होकर मेरे पास आया, जो घर जा रहे थे। वह उन्हें उस दिल दहला देने वाले दृश्य के लिए तैयार करना चाहता था जो उनका इंतजार कर रहा था। मोबाइल फोन से पहले के उन दिनों में, बिना उनका रास्ता जाने सड़क पर किसी से संपर्क करना लगभग असंभव था।

मैं अपनी कार में सवार होकर उत्तरी वर्जीनिया की अस्त-व्यस्त सड़कों पर चलते हुए प्रार्थना करने लगा। स्टॉपलाइट पर प्रतीक्षा करते समय, मैंने अपना सिर झुकाया और अपने दिल की बात भगवान को बताई। जैसे ही मैंने प्रार्थना समाप्त की और ट्रैफिक लाइट देखने के लिए ऊपर देखा, मैं अपने दोस्त और उसके बच्चों को मेरे बगल में बैठे देखकर हैरान रह गया! मैं जल्दी से अपनी कार से बाहर निकला और स्टेफ़नी से आग्रह किया कि वह मेरे साथ मेरे घर चले। मैंने उसे यह मुश्किल खबर धीरे से बताई, उसे आश्वस्त किया कि डेविड सुरक्षित है लेकिन आगे मुश्किल बातचीत होगी।

शुरू में, उसने सोचा कि मैं व्यावहारिक चुटकुलों के लिए अपने शौक के कारण मज़ाक कर रहा हूँ, लेकिन एक बार जब स्थिति की वास्तविकता सामने आई, तो हम उसके लिए खबर को पचाने के लिए एक आरामदायक माहौल बनाने में सक्षम थे - एक सुरक्षित स्थान जो विश्वसनीय दोस्तों द्वारा सुगम बनाया गया था जो उनके अनिश्चित

भविष्य के लिए उनके साथ प्रार्थना कर सकते थे। एक बार फिर, मुझे मध्यस्थता प्रार्थना की अविश्वसनीय शक्ति की याद आई, यह पहचानते हुए कि यह हमारे जीवन में घटनाओं के पाठ्यक्रम को कैसे गहराई से प्रभावित कर सकती है।

केस स्टडी: मेरे जीवन में प्रार्थना की परिवर्तनकारी शक्ति

प्रार्थना अक्सर चुपचाप, मुख्य रूप से हमारे दिल की सीमाओं के भीतर ही होती है, जिससे मध्यस्थों के लिए अपनी हार्दिक प्रार्थनाओं के प्रभाव को तुरंत देखना दुर्लभ हो जाता है। इससे भी अधिक असामान्य यह एहसास है कि हम किसी की प्रार्थनाओं का विषय हैं, क्योंकि हमारी विनम्रता अक्सर हमें अपनी आध्यात्मिक यात्राओं के बारे में खुलकर चर्चा करने से रोकती है। फिर भी, हर बार, हमें उल्लेखनीय साक्ष्यों का आशीर्वाद मिलता है जो इस बात की पुष्टि करते हैं कि जब हम प्रार्थना करते हैं तो शक्ति निकलती है।

एक चुनौतीपूर्ण सप्ताह में, मेरे पादरी और मेरे दोनों को इस शक्ति के साथ गहन मुठभेड़ का सामना करना पड़ा, और मैं इस अनुभव को प्रार्थना की प्रकृति पर एक केस स्टडी के रूप में साझा करना चाहूँगा।

हाल ही में, मेरे पादरी और मैं मध्यस्थता के बारे में बातचीत कर रहे थे। उन्होंने उस दिन पहले का एक पल याद किया जब वे ईश्वर की उपस्थिति से इतने गहराई से घिरे हुए थे, उन्हें यकीन था कि कोई उन्हें प्रार्थना में सहारा दे रहा है। यह जानकर कि अन्य लोग उनकी आध्यात्मिक यात्रा में उनका समर्थन कर रहे हैं, उन्हें अपार खुशी हुई।

यह तो परमेश्वर द्वारा हमारे लिए रखे गए असाधारण रहस्योद्घाटनों का एक पूर्वावलोकन मात्र था।

कुछ दिनों बाद, मेरे बेटे को टाइप 1 डायबिटीज़ से गंभीर जटिलता का सामना करना पड़ा, जिसके कारण उसे अस्पताल में भर्ती होना पड़ा। दिन भर उसकी हालत बिगड़ती रही, वह कुछ खा नहीं पा रहा था और उसे लगातार उल्टियाँ हो रही थीं। उसका ब्लड शुगर लेवल बढ़ गया और इंसुलिन देने के बावजूद मैं उसे स्थिर नहीं कर सका।

शाम 5 बजे मुझे उसे बोस्टन के चिल्ड्रेन हॉस्पिटल ले जाने का निर्देश दिया गया, इस उत्सुकता के साथ कि वह रास्ते में होश में रहेगा। अस्पताल पहुंचने पर वह इतने कमजोर हो गए थे कि उन्हें व्हीलचेयर की जरूरत पड़ी, वे पानी के लिए लगातार गुहार लगा रहे थे, लेकिन पानी का एक छोटा सा घूंट भी नहीं पी पा रहे थे।

आपातकालीन टीम ने अथक परिश्रम करते हुए घंटों बिता दिए, जबकि मैं अपने बेटे की हाइड्रेशन के लिए विनती को सहन कर रही थी, इस दौरान मुझे पता था कि डॉक्टरों ने बर्फ के टुकड़े भी प्रतिबंधित कर दिए थे, क्योंकि इससे उसकी हालत और खराब होने का खतरा था। मेरा दिल उसके लिए टूट गया क्योंकि उसे हल्के डायबिटिक कीटोएसिडोसिस (DKA) का सामना करना पड़ा, और उसके लिए हाइड्रेशन का एकमात्र स्रोत IV था।

आधी रात को उसे ईआर से 11वीं मंजिल पर स्थित इंटरमीडिएट आईसीयू में ले जाया गया - जिसे प्यार से "पेंटहाउस" कमरा कहा जाता है क्योंकि वहां से शहर का क्षितिज दिखाई देता है और माता-पिता आराम करने के लिए आरामदायक खिड़की वाली सीट पर बैठते हैं। हालांकि, उस रात आराम की कमी थी; सुबह 3 बजे तक मुझे बताया गया कि मेरा बेटा अब तत्काल खतरे में नहीं है, हालांकि कमरे में चहल-पहल बनी हुई थी।

अंत में, जब वह सो रहा था, मैंने खुद को खिड़की वाली सीट पर झुका हुआ पाया - थका हुआ, अभिभूत और अकेला। मेरी निगाह शहर की छतों पर टिकी थी, और अपनी थकान के बावजूद, मैंने प्रार्थना करने का प्रयास किया। उस रात पहले, मैंने दोस्तों से हस्तक्षेप करने के लिए कहा था, और यह उनकी प्रार्थनाएँ थीं जिन्होंने मुझे अराजकता के बीच अपना धैर्य बनाए रखने में मदद की।

भोर में दैवीय हस्तक्षेप

सुबह 5 बजे, मैं अचानक चौंककर जाग गया। मैंने चारों ओर देखा, यह सोचते हुए कि मुझे क्या हो गया था - लेकिन पाया कि मैं कमरे में अकेला था। मैं जल्दी से अपने बेटे के बिस्तर के पास गया और पाया कि वह गहरी नींद में सो रहा था, चारों ओर चिकित्सा उपकरण थे: एक IV लगातार इंसुलिन दे रहा था, उसकी महत्वपूर्ण गतिविधियों पर नज़र रखने वाले मॉनिटर और एक उंगली से चमकती हुई एक छोटी सी लाल रोशनी। उसका प्यारा सा भरवां कुत्ता, "स्पार्की", उसके बगल में लेटा हुआ था, इस पूरे कठिन समय में उसका दृढ़ साथी।

मैं खिड़की वाली सीट पर वापस आ गया, और जागते हुए शहर को निहारने लगा। भोर ने सुंदरता का वादा किया था, फिर भी मुझे थकान और पीड़ा के अलावा कुछ भी महसूस नहीं हुआ। फिर, एक स्पष्ट बदलाव ने मुझे घेर लिया - भगवान की अद्भुत उपस्थिति कमरे में आ गई। जैसे ही मैंने महसूस किया कि यीशु ने प्रवेश किया है, माहौल बदल गया। "यह जागने का समय है," उन्होंने कहा, "मैं तुम्हें सहारा दूंगा।"

उस पल, पवित्र आत्मा ने मुझे एक शक्तिशाली वीडियो याद दिलाया जो मैंने पिछले सप्ताह चर्च में देखा था। इसमें एक समर्पित पति को दिखाया गया था जो भोर में अस्पताल की छत पर अपनी लकवाग्रस्त पत्नी से मिलने जाता है। उसने उसे प्यार से व्हीलचेयर से उठाया ताकि वे सूर्योदय की तस्वीर ले सकें। वह इतनी कमज़ोर थी कि वह कैमरे का बटन भी नहीं दबा पा रही थी, और उसने प्यार से उसका हाथ अपने हाथ से ढक दिया और साथ में उनकी तस्वीर खींची। यह मसीह के अटूट प्रेम का एक मार्मिक रूपक था - जब हम कमज़ोर और असमर्थ महसूस करते हैं तो वह हमें सहारा देता है।

इस याद ने मुझे बहुत प्रभावित किया। मुझे ऐसा लगा जैसे मैं उसी अस्पताल में खड़ी हूँ, सबसे ऊपरी मंजिल पर, छतों को निहार रही हूँ, उस महिला की तरह ही असहाय और कमज़ोर। मैं अपने बेटे को ठीक करने के लिए कुछ नहीं कर सकती थी, न ही धैर्य रखने की ताकत जुटा सकती थी। फिर भी यीशु उस अस्पताल के कमरे में मेरे पास आए थे, मुझे अपने आलिंगन में थामे हुए।

जैसे ही मैंने सूर्योदय देखा, मेरी आँखों से आँसू बहने लगे। मैं उनके प्यार से अभिभूत था, उन्होंने मुझे आगे आने वाली चीज़ों के लिए कितनी खूबसूरती से तैयार किया था, और कैसे उनकी शक्तिशाली

उपस्थिति मेरी आत्मा का पोषण कर रही थी। आज भी, बिना भावुक हुए उस अनुभव को याद करना मुश्किल है!

सौभाग्य से, अगले दिन मेरा बेटा पूरी तरह से ठीक हो गया, और हम घर लौट आए, उसके ठीक होने और दोस्तों, पाठकों और चर्च के नेताओं द्वारा उसकी खातिर की गई अनगिनत प्रार्थनाओं के लिए आभारी थे। हालाँकि, आश्चर्य यहीं नहीं रुका।

अगली सुबह चर्च में, मैंने अपने पादरी से फिर बात की। उन्होंने सुबह 5 बजे अस्पताल में यीशु के साथ मेरी असाधारण मुलाकात के बारे में सुना था, और हमसे मिलने की योजना बनाई थी, लेकिन ऐसा करने में असमर्थ थे। उन्होंने बताया कि उसी सुबह ठीक 4:58 बजे, भगवान ने उन्हें अप्रत्याशित रूप से जगाया था। उन्होंने पूछा, "मुझे किसके लिए प्रार्थना करनी चाहिए?", जिस पर भगवान ने जवाब दिया, "पर्किन्स परिवार।" और उन्होंने प्रार्थना की।

ठीक उसी समय यीशु मेरे अस्पताल के कमरे में आये, मेरे बेटे के लिए उपचार की व्यवस्था की और मुझे शक्ति प्रदान की।

प्रार्थना का चमत्कारिक समन्वय

प्रार्थना करने वाले और प्रार्थना प्राप्त करने वाले दोनों में ईश्वर के समन्वित कार्य को देखना कितना दुर्लभ है! यह शास्त्र में पाई जाने वाली सच्चाइयों के लिए एक शक्तिशाली प्रमाण के रूप में कार्य करता है। हम अकेले नहीं हैं; हमारी प्रार्थनाएँ वजन और महत्व रखती हैं। हर बार जब हम प्रार्थना में शामिल होते हैं, तो हम ऐसा जीवन उत्पन्न करते हैं जो कमज़ोर लोगों को छूता है और दूसरों की ज़रूरतों को पूरा करता है।

मध्यस्थता में विडंबना यह है कि हम प्रार्थना में धार्मिकता, शक्ति और प्रभावकारिता को मूर्त रूप देने की आकांक्षा रखते हैं, जिसके बारे में जेम्स ने बात की है। फिर भी, रोमियों 8:26 हमें याद दिलाता है कि हममें से जो लोग प्रार्थना करते हैं, वे भी उतने ही कमज़ोर हैं जितने कि हम जिनके लिए प्रार्थना करते हैं! पवित्र आत्मा हमारी कमज़ोरी में हमारी सहायता करता है, जब हम अपनी प्रार्थनाओं को स्पष्ट करने के लिए संघर्ष करते हैं, तो हमारा मार्गदर्शन करता है, हमें याद दिलाता है कि प्रार्थना में बस उपस्थित रहना ही सबसे ज़्यादा मायने रखता है।

इस दिव्य भागीदारी के माध्यम से, यीशु - जो आत्मा के मन, हमारे दिल की इच्छाओं और परमेश्वर की इच्छा को समझता है - इन तत्वों को सामंजस्य में लाता है ताकि ऐसे उत्तर मिलें जो न केवल अच्छे हों बल्कि इसमें शामिल सभी लोगों को गहराई से आशीर्वाद दें। वह अकेले ही हमारी धार्मिकता, शक्ति और प्रार्थना में प्रभावशीलता का स्त्रोत है।

प्रचलित प्रार्थना के साथ प्रारंभिक अनुभव

"इस तरह से...."

"मैंने नहीं देखा कि भगवान ने उनकी प्रार्थनाओं का उत्तर दिया"
"मैं विशेष रूप से इस तथ्य से आश्चर्यचकित था कि मैंने जो प्रार्थनाएँ सप्ताह-दर-सप्ताह सुनी थीं, उनका उत्तर नहीं मिला था, जैसा कि मैंने देखा। वास्तव में, मैंने प्रार्थना में उनके कथनों और उनकी बैठकों में अन्य टिप्पणियों से समझा कि जो लोग उन्हें प्रस्तुत करते थे, वे उन्हें उत्तर नहीं मानते थे।

जब मैंने अपनी बाइबल पढ़ी तो मैंने जाना कि मसीह ने प्रार्थना और प्रार्थना के उत्तर के बारे में क्या कहा था। उन्होंने कहा था, "मांगो, और तुम्हें मिलेगा, खोजो और तुम पाओगे, खटखटाओ और वह तुम्हारे लिए खोला जाएगा। क्योंकि जो कोई मांगता है, उसे मिलता है, और जो खोजता है, वह पाता है, और जो खटखटाता है, उसके लिए खोला जाएगा।" मैंने यह भी पढ़ा कि मसीह ने क्या पुष्टि की, कि ईश्वर उन लोगों को अपनी पवित्र आत्मा देने के लिए अधिक इच्छुक है जो उससे

मांगते हैं, सांसारिक माता-पिता अपने बच्चों को अच्छे उपहार देने के लिए नहीं। मैंने उन्हें पवित्र आत्मा के उंडेले जाने के लिए लगातार प्रार्थना करते सुना, और अक्सर यह स्वीकार नहीं करते कि उन्हें वह नहीं मिला जो उन्होंने मांगा था।

उन्होंने एक दूसरे को जागने और लगे रहने तथा धर्म के पुनरुत्थान के लिए ईमानदारी से प्रार्थना करने के लिए प्रेरित किया, और जोर देकर कहा कि यदि वे अपना कर्तव्य निभाते हैं, आत्मा के उंडेले जाने के लिए प्रार्थना करते हैं, और ईमानदारी से काम करते हैं, तो ईश्वर की आत्मा उंडेली जाएगी, उनके पास धर्म का पुनरुत्थान होगा, और पश्चाताप न करने वालों का धर्मांतरण होगा। लेकिन अपनी प्रार्थना और सम्मेलन की बैठकों में वे लगातार यह स्वीकार करते थे कि वे धर्म के पुनरुत्थान को सुनिश्चित करने में कोई प्रगति नहीं कर रहे हैं।

यह असंगतता, यह तथ्य कि उन्होंने इतनी प्रार्थना की और उन्हें उत्तर नहीं मिला, मेरे लिए एक दुखद बाधा थी। मुझे नहीं पता था कि इसका क्या मतलब निकाला जाए।

मेरे मन में यह सवाल था कि क्या मुझे यह समझना चाहिए कि ये लोग सच्चे ईसाई नहीं थे, और इसलिए वे परमेश्वर के साथ सफल नहीं हुए; या क्या मैंने इस विषय पर बाइबल के वादों और शिक्षाओं को गलत समझा, या क्या मुझे यह निष्कर्ष निकालना चाहिए कि बाइबल सत्य नहीं है? मेरे लिए कुछ समझ से परे था; और एक समय ऐसा लगा कि यह मुझे लगभग संदेह की ओर ले जाएगा। मुझे ऐसा लगा कि बाइबल की शिक्षाएँ उन तथ्यों से बिल्कुल मेल नहीं खातीं जो मेरी आँखों के सामने थे।

एक बार, जब मैं प्रार्थना सभा में था, मुझसे पूछा गया कि क्या मैं नहीं चाहता कि वे मेरे लिए प्रार्थना करें! मैंने उनसे कहा, नहीं; क्योंकि मैंने नहीं देखा कि परमेश्वर ने उनकी प्रार्थनाओं का उत्तर दिया है।

मैंने कहा, "मुझे लगता है कि मेरे लिए प्रार्थना की आवश्यकता है, क्योंकि मैं जानता हूँ कि मैं एक पापी हूँ; लेकिन मुझे नहीं लगता कि मेरे लिए प्रार्थना करने से आपको कोई लाभ होगा; क्योंकि आप लगातार माँग रहे हैं, लेकिन आपको कुछ नहीं मिलता। जब से मैं एडम्स में हूँ, तब से आप धर्म के पुनरुत्थान के लिए प्रार्थना कर रहे हैं, और फिर भी आपको वह नहीं मिला। आप पवित्र आत्मा के अपने ऊपर उतरने के लिए प्रार्थना कर रहे हैं, और फिर भी अपने दुबलेपन की शिकायत कर रहे हैं।" मुझे याद है कि मैंने उस समय यह अभिव्यक्ति इस्तेमाल की थी: **"जब से मैं इन सभाओं में शामिल हुआ हूँ, तब से आपने एडम्स से शैतान को बाहर निकालने के लिए पर्याप्त प्रार्थना की है, अगर आपकी प्रार्थनाओं में कोई पुण्य है। लेकिन यहाँ आप प्रार्थना कर रहे हैं, और फिर भी शिकायत कर रहे हैं।"** मैंने जो कहा, उसमें मैं पूरी तरह से गंभीर था, और मुझे लगता है कि धार्मिक सत्य के साथ लगातार आमने-सामने आने के परिणामस्वरूप मैं थोड़ा चिड़चिड़ा भी था; जो मेरे लिए चीजों की एक नई स्थिति थी।

लेकिन बाइबल को और अधिक पढ़ने पर मुझे यह बात समझ में आई कि **उनकी प्रार्थनाओं का उत्तर न मिलने का कारण यह था कि उन्होंने उन प्रकट शर्तों का पालन नहीं किया था जिनके आधार पर परमेश्वर ने प्रार्थना का उत्तर देने का वादा किया था; उन्होंने विश्वास के साथ प्रार्थना नहीं की थी, इस अर्थ में कि परमेश्वर उन्हें वे चीजें देगा जिनकी उन्होंने मांग की थी।**

यह विचार, कुछ समय तक मेरे मन में किसी निश्चित रूप में शब्दों में व्यक्त किए जाने के बजाय, एक उलझन भरे प्रश्न के रूप में रहा। हालाँकि, जहाँ तक सुसमाचार की सच्चाई के बारे में प्रश्नों का सवाल था, इसने मुझे राहत दी; और कुछ दो या तीन वर्षों तक इस तरह से संघर्ष करने के बाद, मेरा मन पूरी तरह से आश्वस्त हो गया कि मेरे या मेरे पादरी के मन में या चर्च के मन में चाहे जो भी रहस्य हो, बाइबल, फिर भी, परमेश्वर का सच्चा वचन है।

यह तय होने के बाद, मुझे इस सवाल का सामना करना पड़ा कि क्या मैं सुसमाचार में प्रस्तुत मसीह को स्वीकार करूँगा, या जीवन के सांसारिक मार्ग को अपनाऊँगा। इस अवधि में, मेरा मन, जैसा कि मैंने तब से जाना है, पवित्र आत्मा से इतना प्रभावित था, कि मैं इस प्रश्न को लंबे समय तक अनिश्चित नहीं छोड़ सकता था; न ही मैं अपने सामने प्रस्तुत जीवन के दो मार्गों के बीच लंबे समय तक झिझक सकता था। चार्ल्स फिने, *संस्मरण*।

कुछ अवलोकन

फ़िनी को प्रार्थना की ज़रूरत तो थी, लेकिन उसे उन लोगों में कोई दिलचस्पी नहीं थी जो उसके लिए प्रार्थना कर रहे थे, क्योंकि उनकी प्रार्थनाओं का उत्तर नहीं मिल रहा था। जब उसने बाद में इस अनुभव के बारे में सोचा तो उसे एहसास हुआ कि ये सच्चे और नेक इरादे वाले लोग प्रार्थना करना नहीं जानते थे - उन्होंने कभी नहीं सीखा था कि बाइबल प्रार्थना करने के बारे में क्या सिखाती है, न ही वे उत्तर की उम्मीद कर रहे थे!

मुझे आश्चर्य है कि हमारे समय में कितने लोग बिना यह जाने कि बाइबल इस विषय पर क्या सिखाती है, प्रार्थना कर रहे हैं और

इसलिए उत्तर नहीं पा रहे हैं? मुझे आश्चर्य है कि कितने लोग बिना किसी उम्मीद के प्रार्थना करते हैं कि उन्हें अपनी माँग पूरी होगी? जहाँ तक मैं बता सकता हूँ, ऐसे लोगों की संख्या बहुत ज़्यादा है!

लाउबाक, फ्रैंक चार्ल्स (1884-1970) की जीवनी

कलीसिया मिशनरी और विश्व साक्षरता के प्रेरित

फ्रैंक चार्ल्स लाउबाक (2 सितम्बर 1884 - 11 जून 1970), बेंटन, पेनसिल्वेनिया से थे, वे यूनियन थियोलॉजिकल सेमिनरी और कोलंबिया विश्वविद्यालय से शिक्षा प्राप्त एक ईसाई मिशनरी थे, तथा एक रहस्यवादी थे जिन्हें "निरक्षरों का प्रेषित" कहा जाता था।

1915 में (देखें लाउबाक, थर्टी इयर्स विद द साइलेंट बिलियन), फिलीपींस में एक दूरदराज के स्थान पर मुसलमानों के बीच काम करते हुए, उन्होंने "ईच वन टीच वन" साक्षरता कार्यक्रम विकसित किया। इसका उपयोग लगभग 60 मिलियन लोगों को उनकी अपनी भाषा में पढ़ना सिखाने के लिए किया गया है। वह गरीबी, अन्याय और निरक्षरता के बारे में बहुत चिंतित थे, और उन्हें दुनिया में शांति के लिए बाधा मानते थे।

1955 में, उन्होंने लॉबैक लिटरेसी की स्थापना की, जिसने हर साल लगभग 150,000 अमेरिकियों को पढ़ना सिखाने में मदद की और 34 विकासशील देशों को शामिल किया। दुनिया भर में अनुमानित 2.7 मिलियन लोग लॉबैक से जुड़े कार्यक्रमों के माध्यम से पढ़ना सीख रहे थे।[2] 2002 में, इस समूह ने लिटरेसी वालंटियर्स ऑफ़ अमेरिका, इंक. के साथ विलय करके प्रो लिटरेसी वर्ल्डवाइड का गठन किया।

अपने जीवन के अंतिम वर्षों में, लाउबाक ने साक्षरता और विश्व शांति के विषयों पर बोलते हुए पूरी दुनिया की यात्रा की। वे साक्षरता पर कई भक्तिपूर्ण लेखों और कार्यों के लेखक थे।

उनकी सबसे प्रभावशाली भक्ति रचनाओं में से एक "मिनटों के साथ खेल" नामक एक पुस्तिका थी। इसमें, लॉबैक ने ईसाइयों से आग्रह किया कि वे दिन के हर मिनट में कम से कम एक सेकंड के लिए ईश्वर को ध्यान में रखने का प्रयास करें। इस तरह, ईसाई थिस्सलुनीकियों को लिखे गए पहले पत्र में बताई गई निरंतर प्रार्थना की प्रवृत्ति का प्रयास कर सकते हैं। पुस्तिका में ईश्वर पर निरंतर ध्यान केंद्रित करके जीए गए जीवन के गुणों की प्रशंसा की गई थी। लॉबैक की अंतर्दृष्टि प्रार्थना में उनके प्रयोगों से आई थी, जिसका विवरण उनके पत्रों के संग्रह में दिया गया था, जिसे आधुनिक रहस्यवादी द्वारा लिखे गए पत्र शीर्षक के तहत प्रकाशित किया गया था।

लाउबाक एकमात्र अमेरिकी मिशनरी हैं जिन्हें अमेरिकी डाक टिकट पर सम्मानित किया गया, 1984 में 30¢ ग्रेट अमेरिकन्स श्रृंखला का टिकट जारी किया गया।

लाउबाक को फिलीपींस में गहरी दिलचस्पी थी। उन्होंने फिलिपिनो के राष्ट्रीय नायक जोस रिज़ल की जीवनी लिखी: मैन एंड मार्टियर, जिसे 1936 में मनीला में प्रकाशित किया गया। उन्होंने नायक की विदाई कविता, "मी अल्टीमो एडिओस" (मेरी अंतिम विदाई) का भी अनुवाद किया। उनके संस्करण को एक संग्रह में 35 अंग्रेजी अनुवादों में से विचारों, सामग्री, तुकबंदी और शैली में दूसरे स्थान पर रखा गया है।

वे मारानाओ साहित्य के अग्रणी प्रवर्तक थे। उन्होंने लिखा:

लेक लानाओ के मोरो लोगों के पास आश्चर्यजनक रूप से समृद्ध साहित्य है, और भी अधिक आश्चर्यजनक इसलिए क्योंकि यह केवल लोगों की यादों में मौजूद है और इसे अभी-अभी लिखित रूप में दर्ज किया जाना शुरू हुआ है। इसमें गीत और कविताएँ शामिल हैं जिनमें महाकाव्य बहुत अधिक प्रमुख हैं।

साक्षरता के लिए आसान अंग्रेजी के उपयोग पर उनके जोर ने सीधे WEC इंटरनेशनल द्वारा 1962 में उनके बुनियादी शब्दावली का

उपयोग करके एक सुसमाचार पत्र के विकास को जन्म दिया, जिसे SOON! कहा जाता है, जिसकी प्रति वर्ष लगभग 3 मिलियन प्रतियां छपती थीं और दुनिया भर में डाक द्वारा वितरित की जाती थीं, जब तक कि 2015 में यह बंद नहीं हो गया। उन्होंने पूर्व मिशनरी फ्रेड मॉरिस को 1990 के दशक में यूएसए में लिखी गई उनकी बाइबिल शिक्षण टिप्पणियों के लिए वर्ल्डवाइड ईजी इंग्लिश के उपयोग में प्रशिक्षित किया और वर्ष 2000 से मन्ना प्रकाशन (यूके) द्वारा प्रकाशित किया।

अध्याय 1: विश्व नेताओं के लिए प्रार्थना करें

मुख्य विषय:

- दुनिया नाजुक है और ईश्वरीय हस्तक्षेप के बिना, हम युद्ध और विनाश का जोखिम उठाते हैं।
- नेता ऐसे निर्णय ले रहे हैं जिनका प्रभाव लाखों लोगों पर पड़ता है, और उन्हें ईश्वरीय बुद्धि की आवश्यकता है।
- यदि अधिक लोग प्रार्थना करते तो अतीत में हुए कई वैश्विक संकटों से बचा जा सकता था।
- प्रार्थना अप्रत्यक्ष रूप से नेताओं के हृदय और मन को परमेश्वर के मार्गदर्शन के लिए खोलकर उन्हें प्रभावित कर सकती है।

नेतृत्व में प्रार्थना की शक्ति

द्वितीय विश्व युद्ध के दौरान एक नाविक ने कहा था, "चलो, आप लोग खूब प्रार्थना करें, नहीं तो यह जहाज़ फट जाएगा।" यह कथन सिर्फ़ इतिहास के उस पल के बारे में नहीं है - यह आज हमारी पूरी दुनिया पर लागू होता है। राष्ट्र विभाजित हैं, संघर्ष जारी है, और उच्चतम स्तरों पर लिए गए फ़ैसले लाखों लोगों के जीवन को प्रभावित करते हैं।

बहुत से लोग मानते हैं कि राजनीतिक नेताओं के पास सारी शक्ति होती है, लेकिन सच्चाई यह है कि भगवान के हाथों में भविष्य होता है। जब हम प्रार्थना करते हैं, तो हम केवल आशा भरे शब्द नहीं कहते हैं -

हम **दुनिया की सबसे शक्तिशाली शक्ति को सक्रिय कर रहे होते हैं** । नेताओं को अपनी समझ से परे ज्ञान की आवश्यकता होती है, और केवल ईश्वरीय हस्तक्षेप ही उन्हें धार्मिकता और न्याय के साथ कार्य करने के लिए मार्गदर्शन कर सकता है।

"राजा का मन यहोवा के हाथ में रहता है; वह उसको नदी के समान जिधर चाहता उधर मोड़ देता है।" - नीतिवचन 21:1

संकटग्रस्त विश्व प्रार्थनापूर्ण विश्व का आह्वान करता है

आज चारों ओर देखने पर हम राजनीतिक अस्थिरता, युद्ध, आर्थिक संकट और नैतिक पतन देखते हैं। ईश्वरीय मार्गदर्शन की आवश्यकता पहले कभी इतनी अधिक नहीं थी। समस्या यह है कि जहाँ बहुत से लोग विश्व की घटनाओं से व्यथित महसूस करते हैं, वहीं बहुत कम लोग प्रार्थना के माध्यम से कार्रवाई करते हैं।

कल्पना कीजिए कि क्या होगा अगर **लाखों लोग प्रतिदिन विश्व नेताओं के लिए प्रार्थना करें** - बुद्धि के लिए, न्याय के लिए, शांति के लिए। जिस तरह पानी की अनगिनत बूंदों से नदी बनती है, उसी तरह **वैश्विक प्रार्थना की एक लहर बदलाव ला सकती है** ।

"यदि मेरी प्रजा के लोग जो मेरे कहलाते हैं, दीन होकर प्रार्थना करें और मेरे दर्शन के खोजी होकर अपनी बुरी चाल से फिरें, तो मैं स्वर्ग में से सुनकर उनका पाप क्षमा करूंगा और उनके देश को ज्यों का त्यों कर दूंगा।" - 2 इतिहास 7:14

यह **प्रार्थना आंदोलन का समय है** जो सत्ता में बैठे लोगों के मन और निर्णयों को प्रभावित करेगा।

विश्व नेताओं के लिए प्रार्थना कैसे करें

बहुत से लोग सोचते हैं: *मेरी छोटी सी प्रार्थना दुनिया की बड़ी घटनाओं पर कैसे असर डाल सकती है?* सच तो यह है कि **परमेश्वर प्रार्थना के ज़रिए ऐसे तरीके अपनाता है जिसे हम देख नहीं सकते** । यहाँ बताया गया है कि हम दुनिया के नेताओं के लिए कैसे प्रभावशाली ढंग से प्रार्थना कर सकते हैं:

1. **बुद्धि और ईमानदारी के लिए प्रार्थना करें**
    - परमेश्वर से प्रार्थना करें कि वह नेताओं को न्यायपूर्ण और सही निर्णय लेने की बुद्धि दे।
    - प्रार्थना करें कि वे निष्ठा, ईमानदारी और निष्पक्षता के साथ कार्य करें।
2. **करुणामय हृदय के लिए प्रार्थना करें**
    - नेताओं के पास लाखों लोगों की मदद करने या उन्हें नुकसान पहुँचाने की शक्ति होती है। प्रार्थना करें कि वे सभी लोगों के लिए प्रेम और चिंता के साथ काम करें, न कि केवल राजनीतिक लाभ के लिए।
3. **बुरे प्रभावों से सुरक्षा के लिए प्रार्थना करें**
    - कई नेता भ्रष्ट सलाहकारों और सत्ता के भूखे व्यक्तियों के दबाव का सामना करते हैं। ईश्वर से

प्रार्थना करें कि वे उन्हें **सच्चाई और धार्मिकता से घेरें** ।

4. **राष्ट्रों के बीच शांति और एकता के लिए प्रार्थना करें**
   - परमेश्वर से प्रार्थना करें कि वह नेताओं को युद्ध और विभाजन के बजाय कूटनीति, शांति संधि और एकता की ओर मार्गदर्शन करें।
5. **सही बात के पक्ष में खड़े होने के लिए साहस के लिए प्रार्थना करें**
   - कुछ नेता जानते हैं कि क्या सही है लेकिन कार्रवाई करने से डरते हैं। प्रार्थना करें कि उनमें न्याय के लिए खड़े होने का साहस हो, भले ही वह अलोकप्रिय हो।

कार्य योजना: आप कैसे बदलाव ला सकते हैं

प्रत्येक अध्याय के अंत में, आइए हम जो सीखा है उसे लागू करने के लिए **व्यावहारिक कदम उठाएँ** । यहाँ बताया गया है कि आप आज विश्व नेताओं के लिए प्रार्थना कैसे शुरू कर सकते हैं:

- **प्रार्थना अनुस्मारक सेट करें** - विश्व नेताओं के लिए प्रार्थना करने के लिए हर दिन एक विशिष्ट समय चुनें। यह सुबह, दोपहर के भोजन के दौरान या सोने से पहले हो सकता है।

- **समाचार देखते समय प्रार्थना करें** – निराश या असहाय महसूस करने के बजाय, हर समाचार को प्रार्थना अनुरोध में बदल दें।

- **प्रार्थना समूह शुरू करें** - नेताओं के लिए साप्ताहिक प्रार्थना करने के लिए मित्रों या परिवार को इकट्ठा करें।

- **नेताओं को पत्र लिखें और उन्हें बताएं कि आप प्रार्थना कर रहे हैं** - एक साधारण पत्र या ईमेल जिसमें कहा गया हो कि, *"मैं आपके लिए प्रार्थना कर रहा हूं"* उन्हें प्रोत्साहित कर सकता है।

- **पवित्रशास्त्र-आधारित प्रार्थनाओं का उपयोग करें** – नेताओं से बाइबल की आयतों का उल्लेख करके प्रार्थना करें (उदाहरण के लिए, नीतिवचन 21:1, 1 तीमुथियुस 2:1-2)।

चिंतन प्रश्न:

1. मैं अपने देश के नेताओं के लिए कितनी बार प्रार्थना करता हूँ?
2. क्या मैं विश्वास करता हूँ कि मेरी प्रार्थनाएँ मेरे देश की दिशा को प्रभावित कर सकती हैं?
3. इस सप्ताह मैं किस विशिष्ट नेता के लिए प्रार्थना करने के लिए प्रतिबद्ध हो सकता हूँ?
4. मैं दूसरों को विश्व नेताओं के लिए प्रार्थना करने के लिए कैसे प्रोत्साहित कर सकता हूँ?

जर्नलिंग अनुभाग:

- **आज, मैंने इन नेताओं के लिए प्रार्थना की:**
- **मुझे इस विषय में प्रार्थना करने का मन हुआ:**
- **बाइबल की वह आयत जो मुझे सबसे अधिक प्रभावित करती है:**
- **मैं प्रार्थना के माध्यम से एक परिवर्तन देखने की आशा करता हूँ:**

सारांश:

दुनिया उथल-पुथल में है, और इतिहास ने हमें दिखाया है कि ईश्वरीय मार्गदर्शन के बिना, नेता ऐसे निर्णय ले सकते हैं जो युद्ध, पीड़ा और विनाश की ओर ले जाते हैं। इस अध्याय में, हमें याद दिलाया गया है कि प्रार्थना में राष्ट्रों के मार्ग को आकार देने की शक्ति है। जब हम नेताओं के लिए प्रार्थना करते हैं, तो हम उनके दिलों और निर्णयों में ईश्वर की बुद्धि, न्याय और शांति को आमंत्रित करते हैं। समाचार देखते समय शक्तिहीन महसूस करने के बजाय, हम केंद्रित और निरंतर प्रार्थना के माध्यम से विश्व मामलों में सक्रिय रूप से भाग ले सकते हैं।

अंतिम विचार और कार्रवाई

आप शायद कभी व्हाइट हाउस, संसद या संयुक्त राष्ट्र में प्रवेश न कर पाएं, लेकिन आपकी प्रार्थनाएं आपको **अवश्य ही प्रेरित कर सकती**

हैं। आपके पास ईश्वर को विश्व मामलों में आमंत्रित करने की शक्ति है। **आइए आज से ही शुरुआत करें।**

आप इस लिंक के माध्यम से फेसबुक पर 10 मिलियन मूवमेंट समुदाय में शामिल हो सकते हैं –

https://www.otakada.org/facebookintercessory

आप इस लिंक के माध्यम से व्हाट्सएप पर 10 मिलियन इंटरसेसर्स समुदाय में शामिल हो सकते हैं -

https://www.otakada.org/whatsappintercessory

आप इस लिंक के माध्यम से गॉड्स ईगल मिनिस्ट्रीज़ (GEM) में 10 मिलियन इंटरसेसर्स आंदोलन समन्वयकों के बारे में जान सकते हैं - https://www.otakada.org

आप दूसरी तरफ देखिए!

गॉड्स ईगल मिनिस्ट्रीज़ (GEM) अंतिम समय के लिए मध्यस्थों की सेना!

अध्याय 2: कलीसिया के लिए प्रार्थना करें

मुख्य विषय:

- पीड़ित विश्व में आशा और उपचार लाने में चर्च की महत्वपूर्ण भूमिका है।
- कई कलीसियाएँ आध्यात्मिक रूप से कमज़ोर हैं क्योंकि उनमें एकीकृत और उत्कट प्रार्थना का अभाव है।
- प्रार्थना चर्च को पुनर्जीवित कर सकती है और उसे वैश्विक परिवर्तन की शक्ति बना सकती है।
- ईसाइयों को प्रार्थना और दान के माध्यम से मिशनों और आउटरीच प्रयासों का सक्रिय रूप से समर्थन करना चाहिए।

चर्च को आज पहले से कहीं ज़्यादा प्रार्थना की ज़रूरत क्यों है

दुनिया **आध्यात्मिक संकट में है** - लोग खो गए हैं, निराश हैं, और अर्थ की तलाश कर रहे हैं। फिर भी, कई चर्च संघर्ष कर रहे हैं। कुछ आध्यात्मिक रूप से कमज़ोर हैं, जबकि अन्य सच्चे परिवर्तन के बजाय मनोरंजन पर ध्यान केंद्रित कर रहे हैं। क्या कमी है? **प्रार्थना।**

यीशु ने कहा, *"मेरा घर सब जातियों के लिए प्रार्थना का घर कहलाएगा" (मरकुस 11:17) ।* अगर चर्च सच में **प्रार्थना के घर बन जाएं** , तो दुनिया में आमूलचूल परिवर्तन देखने को मिलेगा।

पिन्तेकुस्त का आरम्भ प्रार्थना से हुआ, और इतिहास में प्रत्येक महान् जागृति प्रार्थना से ही उत्पन्न हुई।

"यदि हम प्रार्थना करेंगे, तो हमें चमत्कार देखने को मिलेंगे। यदि हम प्रार्थना नहीं करेंगे, तो हमें मानवीय प्रयासों के अलावा कुछ भी देखने को नहीं मिलेगा।"

चर्च सिर्फ़ एक इमारत नहीं है - यह **परमेश्वर के लोगों का एक आंदोलन है** । और इस आंदोलन को बढ़ने के लिए, इसे **प्रार्थना से प्रेरित होना चाहिए** ।

प्रार्थना किस प्रकार चर्च को रूपांतरित करती है

जब पूरी मण्डली प्रार्थना के लिए प्रतिबद्ध होती है, तो अविश्वसनीय चीजें घटित होती हैं:

1. **एकता की भावना चर्च में भर जाती है**
    - प्रार्थना लोगों को पृष्ठभूमि, जाति या व्यक्तिगत विचारों के अंतर से परे एकजुट करती है।
    - प्रार्थना करने वाला चर्च एक **प्रेमपूर्ण चर्च है** , जहां लोग एक दूसरे की गहराई से परवाह करते हैं।
2. **पवित्र आत्मा की शक्ति मुक्त होती है**

- पिन्तेकुस्त के दिन शिष्यों ने एक साथ प्रार्थना की और **पवित्र आत्मा सामर्थ्य के साथ उन पर उतरा** (प्रेरितों के काम 2:1-4)।
- चमत्कार, उपचार और धर्मांतरण **तब होते हैं जब लोग उम्मीद के साथ प्रार्थना करते हैं** ।

3. **पादरी और नेता मजबूत होते हैं**
   - कई पादरी **थका हुआ, हतोत्साहित और परेशान महसूस करते हैं** ।
   - **प्रार्थना उन्हें** प्रभावशाली ढंग से नेतृत्व करने के लिए शक्ति और बुद्धि प्रदान करती है।
4. **चर्च आशा की किरण बन गया**
   - जब प्रार्थना आधार होती है, तो **चर्च उपचार और परिवर्तन का स्थान बन जाते हैं** ।
   - खोए हुए लोग मसीह की ओर तब आकर्षित होते हैं जब वे **एक ऐसी कलीसिया को देखते हैं जो आत्मिक रूप से जीवित है** ।

कलीसिया के लिए प्रार्थना कैसे करें

यहां बताया गया है कि हम **अपने चर्चों, पादरियों और साथी विश्वासियों के लिए कैसे मध्यस्थता कर सकते हैं** :

1. पुनःजागृति के लिए प्रार्थना करें

- परमेश्वर से प्रार्थना करें कि वह **हृदयों को जागृत करे** और उसके प्रति नया जोश उत्पन्न करे।
- प्रार्थना करें कि कलीसिया **सत्य और प्रेम का प्रचार करने में साहसी बने** ।

2. पादरियों और नेताओं के लिए प्रार्थना करें

- पादरियों के लिए **बुद्धि, शक्ति और सुरक्षा** के लिए प्रार्थना करें ।
- परमेश्वर से प्रार्थना करें कि वह उन्हें पवित्र आत्मा से भर दे ताकि वे **साहस के साथ नेतृत्व कर सकें** ।

3. विश्वासियों के बीच एकता के लिए प्रार्थना करें

- शत्रु कलीसियाओं को विभाजित करने का प्रयास करता है - **प्रेम और मेल-मिलाप के लिए प्रार्थना करें** ।
- परमेश्वर से प्रार्थना करें कि वह चर्च के भीतर से घमंड, गपशप और संघर्ष को दूर करे।

4. परमेश्वर के वचन के लिए भूख के लिए प्रार्थना करें

- आज बहुत से मसीहियों में **बाइबल का गहरा ज्ञान नहीं है — आध्यात्मिक भूख के लिए प्रार्थना कीजिए** ।
- **मजबूत, वफादार शिष्यों को** खड़ा करे ।

5. वैश्विक चर्च और मिशनरियों के लिए प्रार्थना करें

- दुनिया भर में कई ईसाईयों को **उनके विश्वास के कारण सताया जाता है** ।
- कठिन परिस्थितियों में विश्वासियों के लिए **शक्ति, सुरक्षा और साहस** के लिए प्रार्थना करें ।

कार्य योजना: प्रार्थना के माध्यम से चर्च को मजबूत करने के लिए कदम

1. **अपने चर्च के लिए प्रतिदिन प्रार्थना करने के लिए प्रतिबद्ध रहें** – प्रतिदिन 5 मिनट भी परिवर्तन ला सकता है।

2. **प्रार्थना श्रृंखला शुरू करें** - अपने चर्च के लिए नियमित रूप से प्रार्थना करने के लिए एक छोटा समूह इकट्ठा करें।

3. **अपने पादरी को प्रोत्साहित करें** – उन्हें बताएं कि आप उनके लिए प्रार्थना कर रहे हैं।

4. **मिशनरियों और सताए गए ईसाइयों के लिए प्रार्थना करें** – परमेश्वर से उनको शक्ति देने के लिए कहें।

5. **पवित्रशास्त्र-आधारित प्रार्थनाओं का उपयोग करें** - उदाहरण: *"हे प्रभु, अपनी कलीसिया का निर्माण इस प्रकार करें कि अधोलोक के द्वार उस पर प्रबल न हों" (मत्ती 16:18)।*

चिंतन प्रश्न:

1. मैं अपने चर्च और नेताओं के लिए कितनी बार प्रार्थना करता हूँ?
2. क्या मैं विश्वास करता हूँ कि प्रार्थना मेरे चर्च में जागृति ला सकती है?
3. वह कौन सा क्षेत्र है जहां मेरे चर्च को प्रार्थना की सबसे अधिक आवश्यकता है?
4. मैं अधिक लोगों को चर्च के लिए प्रार्थना करने के लिए कैसे प्रोत्साहित कर सकता हूँ?

जर्नलिंग अनुभाग:

- **आज, मैंने इन चर्च नेताओं के लिए प्रार्थना की:**
- **मेरे चर्च में एक आवश्यकता है जिसके लिए मैं प्रार्थना करता हूँ:**
- **बाइबल की एक आयत जो मुझे बहुत पसंद आयी:**
- **मैं प्रार्थना के माध्यम से एक परिवर्तन देखने की आशा करता हूँ:**

सारांश:

चर्च दुनिया में आशा, उपचार और परिवर्तन लाने के लिए ईश्वर का साधन है। हालाँकि, आज कई चर्चों में प्रार्थना की आग और शक्ति की कमी है। इस अध्याय में, हम यह पता लगाते हैं कि चर्च को **एकजुट, भावुक प्रार्थना के पुनरुद्धार की आवश्यकता क्यों है** और हम दुनिया भर के पादरियों, मिशनरियों और विश्वासियों के लिए कैसे मध्यस्थता कर सकते हैं।

अंतिम विचार और कार्रवाई

चर्च का भविष्य प्रार्थना पर निर्भर करता है । परमेश्वर का हर महान कार्य तब शुरू होता है जब उसके लोग **खुद को नम्र करते हैं और प्रार्थना करते हैं । सिर्फ़ पुनरुत्थान की कामना** मत करो - इसके लिए प्रार्थना करो!

आप इस लिंक के माध्यम से फेसबुक पर 10 मिलियन मूवमेंट समुदाय में शामिल हो सकते हैं –

https://www.otakada.org/facebookintercessory

आप इस लिंक के माध्यम से व्हाट्सएप पर 10 मिलियन इंटरसेसर्स समुदाय में शामिल हो सकते हैं -

https://www.otakada.org/whatsappintercessory

आप इस लिंक के माध्यम से गॉड्स ईगल मिनिस्ट्रीज़ (GEM) में 10 मिलियन इंटरसेसर्स आंदोलन समन्वयकों के बारे में जान सकते हैं - https://www.otakada.org

आप दूसरी तरफ देखिए!

गॉड्स ईगल मिनिस्ट्रीज़ (GEM) अंतिम समय के लिए मध्यस्थों की सेना!

अध्याय 3: प्रार्थना कैसे परमेश्वर की मदद करती है

मुख्य विषय:

- प्रार्थना परमेश्वर की इच्छा को नहीं बदलती, परन्तु यह लोगों के हृदयों को उसके मार्गदर्शन के लिए खोल देती है।
- वैज्ञानिक अध्ययन (जैसे टेलीपैथी) बताते हैं कि मन एक दूसरे को प्रभावित कर सकते हैं, जिससे मध्यस्थता प्रार्थना की शक्ति मजबूत होती है।
- बाइबल सिखाती है कि प्रार्थना आध्यात्मिक माध्यम बनाती है जिसके माध्यम से परमेश्वर कार्य करता है।
- जिन लोगों के लिए प्रार्थना की जाती है, वे प्रायः ईश्वरीय निर्देश का अनुभव करते हैं, बिना यह जाने कि कोई उनके लिए मध्यस्थता कर रहा है।

प्रार्थना का रहस्य: यह कैसे काम करती है

क्या आपने कभी सोचा है, *अगर परमेश्वर हमेशा अपना सर्वश्रेष्ठ करने की कोशिश कर रहा है, तो हमें प्रार्थना करने की क्या ज़रूरत है?* सच तो यह है कि **परमेश्वर ने प्रार्थना को इस तरह से बनाया है कि वह अपनी शक्ति को हमारी दुनिया में प्रवाहित कर सके** ।

इसे **बिजली की तरह समझें** - बिजली हमेशा उपलब्ध रहती है, लेकिन हमें प्रकाश चालू करने के लिए **स्विच को दबाना पड़ता है** ।

उसी तरह, प्रार्थना वह **स्विच है जो हमारे आस-पास की स्थितियों में ईश्वर की शक्ति को सक्रिय करती है** ।

"तुम्हारे पास इसलिए नहीं है क्योंकि तुम परमेश्वर से नहीं मांगते।" - याकूब 4:2

जब हम प्रार्थना करते हैं:

- **हम अपने हृदय को परमेश्वर की योजनाओं के अनुरूप बनाते हैं।**
- **हम उन परिस्थितियों में उसकी शक्ति को आमंत्रित करते हैं जिनमें परिवर्तन की आवश्यकता होती है।**
- **हम चमत्कार होने के लिए दरवाजे खोलते हैं।**

प्रार्थना परमेश्वर के साथ साझेदारी है

परमेश्वर **उन लोगों के माध्यम से कार्य करना चुनता है जो प्रार्थना करते हैं । उसने हमें** पृथ्वी पर अपनी इच्छा पूरी करने के लिए आमंत्रित करने का **अधिकार** दिया है ।
"मैंने तुम्हें शत्रु की सारी शक्ति पर विजय पाने का अधिकार दिया है।" - लूका 10:19

प्रार्थना की शक्ति के उदाहरण

1. **मूसा की प्रार्थना ने इस्राएल को बचाया**
   - परमेश्वर ने इस्राएल को उनके पाप के कारण नष्ट करने की योजना बनाई।
   - मूसा ने मध्यस्थता की, और **परमेश्वर ने इतिहास का रुख बदल दिया** (निर्गमन 32:11-14)।

2. **एलिय्याह की प्रार्थना से बारिश रुक गयी**
    - **साढ़े तीन वर्ष** तक वर्षा नहीं हुई (याकूब 5:17)।
    - उसने फिर प्रार्थना की और **बारिश लौट आई** ।
3. **यीशु की प्रार्थना से पतरस को हिम्मत मिली**
    - यीशु ने पतरस से कहा: *"शैतान ने तो तुम को गेहूँ के समान फटकने को कहा है, परन्तु मैं ने तुम्हारे लिये प्रार्थना की है"* (लूका 22:31-32)।
    - पतरस का विश्वास **कायम रहा क्योंकि यीशु ने प्रार्थना की थी** ।

यदि **मूसा, एलिय्याह और यीशु** ने प्रार्थना की - और परिणाम देखे - तो हम क्यों नहीं करेंगे?

हमारी प्रार्थनाएँ परमेश्वर के काम में कैसे मदद करती हैं

जब हम प्रार्थना करते हैं, तो हम:

1. **लोगों के दिलों को परमेश्वर की आवाज़ के लिए खोलें**
    - बहुत से लोग परमेश्वर को नज़रअंदाज़ करते हैं— हमारी प्रार्थनाएँ **उन्हें ग्रहणशील बनने में मदद करती हैं** ।
2. **दिव्य ज्ञान और सुरक्षा को आमंत्रित करें**
    - परमेश्वर की उपस्थिति घरों, कार्यस्थलों और शहरों का **वातावरण बदल देती है ।**
3. **दुश्मन की योजनाओं को नष्ट करें**
    - प्रार्थना बुराई को परिस्थितियों पर **नियंत्रण करने से रोकती है ।**

4. **परमेश्वर के आशीर्वाद और चमत्कार जारी करें**
    - जब हम प्रार्थना करते हैं, तो **उपचार, प्रावधान और सफलताएं आती हैं** ।

कार्य योजना: प्रार्थना में परमेश्वर के साथ भागीदार कैसे बनें

1. **अधिकार के साथ प्रार्थना करें** - विश्वास रखें कि आपकी प्रार्थनाएं **फर्क लाती हैं** ।

2. **विशिष्ट रूप से प्रार्थना करें – सामान्य प्रार्थनाओं के बजाय, परमेश्वर से स्पष्ट और साहसिक बातें** माँगें ।

3. **दूसरों के लिए प्रार्थना करें** - उन लोगों के लिए खड़े हों जो प्रार्थना करना नहीं जानते।

4. **पवित्रशास्त्र-आधारित प्रार्थनाओं का उपयोग करें** – उदाहरण: *"हे प्रभु, तेरा राज्य आए, तेरी इच्छा पूरी हो" (मत्ती 6:10)।*

5. **परिणामों की अपेक्षा करें** – एक **प्रार्थना पत्रिका रखें** और देखें कि परमेश्वर क्या करता है!

चिंतन प्रश्न:

1. क्या मैं मानता हूँ कि मेरी प्रार्थनाएँ सचमुच प्रभाव डालती हैं?
2. अभी किस परिस्थिति में परमेश्वर की सामर्थ की ज़रूरत है?
3. मैं अधिक साहस और विश्वास के साथ प्रार्थना कैसे कर सकता हूँ?
4. एक मजबूत प्रार्थना योद्धा बनने के लिए मैं क्या कदम उठा सकता हूँ?

जर्नलिंग अनुभाग:

- **आज, मैंने प्रार्थना की:**
- **बाइबल की एक आयत जो प्रार्थना में मेरे विश्वास को मजबूत करती है:**
- **एक प्रार्थना सफलता जिस पर मैं विश्वास कर रहा हूँ:**
- **आज मैंने प्रार्थना के बारे में जो कुछ सीखा:**

सारांश:

बहुत से लोग आश्चर्य करते हैं: *यदि परमेश्वर सर्वशक्तिमान है, तो क्या उसे वास्तव में हमारी प्रार्थनाओं की आवश्यकता है?* इसका उत्तर है **हाँ!** प्रार्थना का अर्थ परमेश्वर के मन को बदलना नहीं है - यह **उसकी इच्छा को पृथ्वी पर लाने के लिए उसके साथ भागीदारी करने के बारे में है** । यह अध्याय बताता है कि **प्रार्थना किस प्रकार**

दरवाज़े खोलती है, जीवन को बदलती है, और परमेश्वर की शक्ति को दुनिया में आमंत्रित करती है।

अंतिम विचार और कार्रवाई

प्रार्थना **निष्क्रिय नहीं है - यह शक्तिशाली है!** जब आप प्रार्थना करते हैं, तो आप **जीवन, राष्ट्र और परिस्थितियों को बदलने के लिए परमेश्वर के साथ काम कर रहे होते हैं।** प्रार्थना में जो शक्ति है, उसे कम मत समझिए - **आज से ही पूरे विश्वास के साथ प्रार्थना करना शुरू करें!**

अध्याय 4: प्रार्थना प्रयोग

मुख्य विषय:

- **प्रार्थना के वास्तविक प्रभाव को देखने के लिए उसका परीक्षण और प्रयोग किया जाना चाहिए।**
- **बाइबल लगातार और रचनात्मक प्रार्थना करने को प्रोत्साहित करती है।**
- **"फ़्लैश प्रार्थनाएँ" (त्वरित, स्वतःस्फूर्त प्रार्थनाएँ) लम्बी, संरचित प्रार्थनाओं के समान ही शक्तिशाली हो सकती हैं।**
- **लोग अप्रत्याशित तरीकों से प्रार्थना को दैनिक जीवन में शामिल कर सकते हैं।**

प्रार्थना का रोमांच

क्या आपने कभी सोचा है, *मैं कैसे जानूँ कि मेरी प्रार्थनाएँ काम कर रही हैं?*

इसका पता लगाने का एकमात्र तरीका है **प्रार्थना करना और उसके परिणाम देखना** ।

प्रार्थना **विज्ञान की तरह है** - वैज्ञानिक यह देखने के लिए प्रयोग करते हैं कि क्या काम करता है।

हम प्रार्थना के द्वारा भी ऐसा ही कर सकते हैं।

- जब मैं किसी ज़रूरतमंद के लिए प्रार्थना करता हूँ तो क्या होता है?
- क्या प्रार्थना से कार्यस्थल पर स्थितियाँ बदलती हैं?
- क्या प्रार्थना मेरे आस-पास के लोगों के व्यवहार को प्रभावित कर सकती है?

सर्वशक्तिमान यहोवा कहता है, "इस में मुझे परखो कि मैं आकाश के झरोखे खोलकर इतनी आशीष उंडेलता हूं कि उसे रखने को जगह नहीं होगी कि नहीं।" - मलाकी 3:10

परमेश्वर हमें **प्रार्थना के द्वारा उसकी विश्वासयोग्यता को परखने के लिए आमंत्रित करता है** ।

सरल प्रार्थना प्रयोग आजमाएँ

1. दिन भर फ्लैश प्रार्थनाएँ

लंबी प्रार्थना करने के बजाय, अपने मिलने वाले लोगों के लिए **त्वरित, मौन प्रार्थना करने का प्रयास करें।**

- **काम पर:** *"हे भगवान, आज मेरे बॉस को सद्बुद्धि प्रदान करें।"*
- **दुकान पर:** *"हे प्रभु, इस कैशियर पर आपका प्रेम बना रहे।"*
- **वाहन चलाते समय:** *"हे भगवान, आज इस शहर को सुरक्षित रखें।"*

अवलोकन: क्या आप अपने व्यवहार में कोई बदलाव देखते हैं? क्या लोग अलग-अलग तरह से प्रतिक्रिया करते हैं?

2. समाचारों की सुर्खियों पर प्रार्थना करना

बुरी खबर से घबराने की बजाय, **उसे प्रार्थना में बदल दीजिए** ।

- यदि आप युद्ध के बारे में सुनते हैं, तो **शांति के लिए प्रार्थना करें** ।
- यदि आप अन्याय देखते हैं, तो **न्याय और सुरक्षा के लिए प्रार्थना करें** ।
- यदि कोई प्राकृतिक आपदा हो तो **सहायता और उपचार के लिए प्रार्थना करें** ।

अवलोकन: क्या आप प्रार्थना करते समय कम चिंतित और अधिक आशावान महसूस करते हैं?

3. किसी "मुश्किल" व्यक्ति के लिए प्रार्थना करना

किसी ऐसे व्यक्ति को चुनें जिसके साथ काम करना चुनौतीपूर्ण हो - शायद **बॉस, सहकर्मी या परिवार का सदस्य** ।

- एक सप्ताह तक हर दिन **उनके लिए प्रार्थना करें** - परमेश्वर से प्रार्थना करें कि वह उन्हें आशीर्वाद दे, उनका हृदय बदले, और उनका मार्गदर्शन करे।
- परमेश्वर से प्रार्थना करें कि वह उनके प्रति **आपका रवैया** भी बदल दे।

अवलोकन: क्या वे अलग तरह से व्यवहार करने लगते हैं? क्या आप उनके आस-पास ज़्यादा शांति महसूस करते हैं?

4. प्रार्थना यात्रा

अपने पड़ोस में, अपने कार्यस्थल के आसपास या यहां तक कि किसी शॉपिंग मॉल में भी थोड़ी देर टहलने जाएं।

- **जिन लोगों और स्थानों के** पास से आप गुजरें उनके लिए चुपचाप प्रार्थना करें।
- भगवान से **घरों, व्यवसायों और स्कूलों को आशीर्वाद देने के लिए प्रार्थना करें** ।
- **ईश्वरीय नियुक्तियों** के लिए प्रार्थना कीजिए —किसी को प्रोत्साहित करने के अवसर।

अवलोकन: क्या आपको **माहौल में बदलाव महसूस होता है** ? क्या कोई अप्रत्याशित रूप से आपके सामने खुल जाता है?

शक्तिशाली प्रार्थना प्रयोगों की कुंजी

जितना अधिक आप **जानबूझकर प्रार्थना करेंगे** , उतना ही अधिक आप **परमेश्वर को कार्य करते हुए देखेंगे** ।

- **अपने प्रार्थना प्रयोगों का एक जर्नल रखें।**
- **धैर्य रखें—कुछ प्रार्थनाओं में समय लगता है!**
- **आश्चर्य की अपेक्षा रखें—परमेश्वर अप्रत्याशित तरीकों से कार्य करता है!**

"मांगो, तो तुम्हें दिया जाएगा; ढूंढ़ो, तो तुम पाओगे; खटखटाओ, तो तुम्हारे लिये खोला जाएगा।" - मत्ती 7:7

कार्य योजना: अपने प्रार्थना जीवन को मजबूत करने के लिए कदम

1. **इस सप्ताह प्रयास करने के लिए एक प्रार्थना प्रयोग चुनें।**

2. **अपनी प्रार्थनाओं और अवलोकनों का एक जर्नल रखें।**

3. **दूसरों के साथ अपनी गवाही साझा करें - प्रार्थनाओं के उत्तर मिलने का जश्न मनाएं!**

4. **परमेश्वर से प्रार्थना में अधिक रचनात्मकता के लिए प्रार्थना करें।**

5. **हार मत मानो!** भले ही आपको तुरंत परिणाम न दिखें, लेकिन प्रार्थना करते रहो।

चिंतन प्रश्न:

1. प्रार्थना में मेरी सबसे बड़ी चुनौती क्या रही है?
2. क्या मैंने पहले कभी "प्रार्थना प्रयोग" किया है? क्या हुआ?
3. मैं अपने दिन के अधिक क्षणों को **प्रार्थना के अवसरों में कैसे बदल सकता हूँ** ?
4. मेरे जीवन के किस क्षेत्र में अभी अधिक **जानबूझकर प्रार्थना की आवश्यकता है?**

जर्नलिंग अनुभाग:

- **आज मैंने इस प्रकार की प्रार्थना का प्रयोग किया:**
- **मैंने प्रार्थना की:**
- **मैंने जो देखा या अनुभव किया:**
- **बाइबल की एक आयत जो मुझे प्रार्थना करते रहने के लिए प्रोत्साहित करती है:**

सारांश:

तत्काल परिणाम नहीं दिखते । लेकिन क्या होगा अगर प्रार्थना बीज बोने जैसा हो? कुछ प्रार्थनाओं को बढ़ने में समय लगता है, जबकि अन्य तुरंत परिणाम देते हैं। यह अध्याय **प्रार्थना की शक्ति का परीक्षण करने के व्यावहारिक तरीकों की खोज करता है, हमें आध्यात्मिक खोजकर्ता** बनने के लिए प्रोत्साहित करता है - आगे बढ़ने, साहसपूर्वक प्रार्थना करने और यह देखने के लिए तैयार कि परमेश्वर क्या करता है।

अंतिम विचार और कार्रवाई

प्रार्थना में बढ़ने का सबसे अच्छा तरीका है **प्रार्थना करना और देखना कि क्या होता है** । साहसी बनो, उम्मीद रखो, और **देखो कि जब तुम प्रार्थना करते हो तो परमेश्वर कैसे आगे बढ़ता है!**

अध्याय 5: मसीह—उत्तर

मुख्य विषय:

- यीशु की शिक्षाएँ संसार की समस्याओं का अंतिम उत्तर प्रदान करती हैं।
- मसीहियों को "मसीह से परिपूर्ण" होना चाहिए, तथा उनके जीवन और विचारों को अपने जीवन को आकार देने देना चाहिए।
- सच्ची प्रार्थना का अर्थ है स्वयं को पूरी तरह से मसीह के साथ जोड़ देना।
- एक व्यक्ति मसीह के जितना करीब चलता है, उसकी प्रार्थनाएँ उतनी ही अधिक शक्तिशाली हो जाती हैं।

यीशु—सारी शक्ति का स्रोत

पूरे इतिहास में, **महान विचारकों, वैज्ञानिकों और नेताओं ने सत्य और अर्थ** की खोज की है। फिर भी, यीशु ने हमें पहले से ही **वे उत्तर दे दिए हैं जिनकी हमें ज़रूरत है** :
"मार्ग और सत्य और जीवन मैं ही हूँ। बिना मेरे द्वारा कोई पिता के पास नहीं पहुँच सकता।" - यूहन्ना 14:6

परमेश्वर के बारे में नहीं सिखाया - **वह मानव रूप में परमेश्वर था** ।

- उसकी **बुद्धि** संसार के ज्ञान से भी अधिक है।
- उनका **प्रेम** मानवीय रिश्तों से भी अधिक गहरा है।

- उसकी **शक्ति** पृथ्वी पर किसी भी शक्ति से अधिक शक्तिशाली है।

क्या हम सही आवाज़ सुन रहे हैं?

हम एक शोर भरे संसार में रहते हैं, जो निम्न से भरा हुआ है:

- समाचार, राय और अंतहीन विकर्षण।
- सोशल मीडिया पर ध्यान आकर्षित करने के लिए होड़ मची हुई है।
- स्वयं सहायता मार्गदर्शिकाएँ जो लोगों को **खाली और भ्रमित छोड़ देती हैं** ।

फिर भी, **एक आवाज़ सबसे ज़्यादा मायने रखती है** —यीशु की आवाज़।

यीशु के करीब रहने से कैसे सब कुछ बदल जाता है

प्रार्थना का अर्थ केवल चीज़ें माँगना नहीं है - इसका अर्थ है **मसीह से जुड़े रहना** ।

1. मसीह हमें एक नई मानसिकता देता है

- दुनिया कहती है: *"तुम अपने दम पर हो।"*
- यीशु कहते हैं: *“मैं तुझे कभी न छोड़ूंगा, और न कभी त्यागूंगा” (इब्रानियों 13:5)।*

2. जब हम मसीह की तरह सोचते हैं , तो हम प्रतिस्थापित करते हैं:

- **विश्वास के साथ चिंता करें**
- **साहस के साथ डर**
- **स्पष्टता के साथ भ्रम**

“हम में मसीह का मन है।” — 1 कुरिन्थियों 2:16

3. मसीह की उपस्थिति हमें शक्ति देती है

जीवन **बोझिल हो सकता है** , लेकिन जब हम यीशु के साथ समय बिताते हैं:

- **हम तूफान में शांति महसूस करते हैं।**
- **हम परीक्षाओं में भी आनन्दित रहते हैं।**
- **जब जीवन अंधकारमय लगता है तब भी हमें आशा मिलती है।**

"हे सब थके हुओं, मेरे पास आओ; मैं तुम्हें विश्राम दूंगा।" - मत्ती 11:28

4. मसीह हमारे जीवन में खालीपन भरता है

बहुत से लोग अर्थ खोजते हैं:

- **धन, रिश्ते या सफलता।**
- **मनोरंजन, आनंद या विकर्षण।**
- **ईश्वर से वास्तविक संबंध न रखने वाले धार्मिक अनुष्ठान।**

परन्तु **केवल मसीह ही आत्मा को संतुष्ट करता है** ।
"जो कोई वह जल पीएगा जो मैं दूँगा, वह फिर कभी प्यासा न होगा।" - यूहन्ना 4:14

हर दिन मसीह से जुड़े कैसे रहें

1. **दिन की शुरुआत यीशु के साथ करें**
   - अपना फोन चेक करने से पहले, **प्रार्थना करने और सुनने के लिए कुछ क्षण निकालें** ।
   - बाइबल की एक आयत पढ़ें और पूछें, *"हे प्रभु, आज आप मुझे क्या सिखाना चाहते हैं?"*
2. **दिन भर प्रार्थना करें**
   - जब आप काम कर रहे हों, गाड़ी चला रहे हों या आराम कर रहे हों, तो **यीशु के साथ छोटी-छोटी बातचीत करते** रहें ।
3. **अपने मन को उसके वचनों से भरें**
   - प्रत्येक सप्ताह एक श्लोक याद करें।
   - नकारात्मक विचारों को परमेश्वर की सच्चाई से बदलिए।
4. **प्रतिदिन उसकी आराधना करें और धन्यवाद दें**
   - एक आभारी हृदय **परमेश्वर के करीब रहता है** ।
5. **दिन का अंत उसकी उपस्थिति में करें**
   - सोने से पहले उसकी अच्छाई पर चिंतन करें।

कार्य योजना: मसीह के साथ अपने रिश्ते को और गहरा बनाने के लिए कदम

1. हर सुबह यीशु के साथ समय बिताने के लिए प्रतिबद्ध रहें।
2. दिन भर उससे बातें करते रहें - प्रार्थना एक वार्तालाप है, कोई अनुष्ठान नहीं।
3. भय और संदेह को मसीह की प्रतिज्ञाओं पर विश्वास से बदल दें।
4. अधिक सुनें - यीशु से मार्गदर्शन मांगें और उनसे बोलने की अपेक्षा करें।
5. अपने आस-पास ऐसे लोगों को रखें जो आपकी आस्था को प्रोत्साहित करते हैं।

चिंतन प्रश्न:

1. क्या मैं सचमुच विश्वास करता हूँ कि यीशु ही मेरे संघर्षों का उत्तर है?
2. मैं अपना कितना समय यीशु को सुनने में और कितना समय संसार को सुनने में व्यतीत करता हूँ?
3. मेरे जीवन का कौन सा क्षेत्र है जहाँ मुझे मसीह की बुद्धि की अधिक आवश्यकता है?
4. यीशु के करीब आने के लिए मैं प्रतिदिन क्या कर सकता हूँ?

जर्नलिंग अनुभाग:

- **आज, मैंने यीशु के साथ समय बिताया:**
- **बाइबल की एक आयत जिसने मुझे मज़बूत किया:**
- **एक डर या संदेह जो मैंने प्रार्थना में भगवान को बताया:**
- **अपने विचारों या दृष्टिकोण में मैंने जो परिवर्तन देखा:**

सारांश:

बहुत से लोग **शांति, ज्ञान और उद्देश्य की तलाश** गलत जगहों पर करते हैं। सच तो यह है कि **यीशु मसीह हमारी हर ज़रूरत और संघर्ष का अंतिम उत्तर है** । इस अध्याय में, हम यह पता लगाते हैं कि प्रार्थना के ज़रिए यीशु से जुड़े रहने से हमारे मन, दिल और काम कैसे बदल जाते हैं।

अंतिम विचार और कार्रवाई

यीशु सिर्फ़ जीवन का हिस्सा नहीं है - वह स्वयं जीवन है।
जितना ज़्यादा हम **उससे जुड़े रहेंगे** , उतना ज़्यादा हम **उस शक्ति, शांति और बुद्धि का अनुभव करेंगे जिसकी हमें ज़रूरत है** ।
यीशु को हर चीज़ का केन्द्र बनाइये—और देखिये कि जीवन कैसे बदल जाता है!

अध्याय 6: हमारी भयावह शक्ति

मुख्य विषय:

- **प्रत्येक विचार और प्रार्थना का प्रभाव पड़ता है, भले ही वह अदृश्य हो।**
- **मानवता में भविष्य को आकार देने की शक्ति है, लेकिन वह अक्सर इसका उपयोग करने में विफल रहती है।**
- **यदि पर्याप्त संख्या में लोग नियमित रूप से प्रार्थना करें तो विश्व परिवर्तित हो सकता है।**
- **अच्छाई और बुराई के बीच आध्यात्मिक युद्ध वास्तविक है, और प्रार्थना इस लड़ाई में एक हथियार है।**

एक प्रार्थना की शक्ति

इसके बारे में सोचो:

- एक प्रार्थना ने **दानिय्येल को शेरों की मांद में से बचा लिया** ।
- एक प्रार्थना ने **लाल सागर को दो भागों में विभाजित कर दिया** ।
- एक प्रार्थना ने **लाज़र को मृतकों में से जीवित कर दिया** ।

यदि परमेश्वर ने **बाइबल में एक व्यक्ति की प्रार्थना के माध्यम से कार्य किया** , तो वह **आज आपकी प्रार्थना के माध्यम से भी कार्य कर सकता है** ।

"धर्मी जन की प्रार्थना के प्रभाव से बहुत कुछ होता है।" —याकूब 5:16

बहुत से लोग कहते हैं, *"मैं सिर्फ़ एक व्यक्ति हूँ। मैं क्या कर सकता हूँ?"*
जवाब? **जितना आप सोचते हैं उससे कहीं ज़्यादा!**

हमारे विचारों में शक्ति है

विज्ञान इस बात की पुष्टि करता है जो बाइबल ने हमें पहले ही बता दिया था— **हमारे विचार वास्तविकता बनाते हैं** ।

- नकारात्मक विचार **तनाव, भय और निष्क्रियता को जन्म देते हैं** ।
- विश्वास से भरे विचार **शांति, आत्मविश्वास और साहस की ओर ले जाते हैं** ।

"जैसा मनुष्य अपने मन में विचार करता है, वैसा ही वह आप होता है।" - नीतिवचन 23:7
परमेश्वर के सत्य से भरेंगे , उतना ही अधिक हम **चमत्कार, सफलताएं और परिवर्तन** देखेंगे ।

हम ईश्वर के साथ सह-निर्माता हैं

जीवन बोलने, सामर्थ्य से प्रार्थना करने, और कार्य करने की क्षमता दी है ।

"मैंने कहा, 'तुम ईश्वर हो; तुम सब के सब परमप्रधान के पुत्र हो।'"
- भजन 82:6

इसका मतलब यह नहीं है कि हम दिव्य हैं, बल्कि इसका मतलब यह है कि हमें परिवर्तन लाने के लिए **दिव्य शक्ति दी गई है :**

- **हमारी प्रार्थनाओं के माध्यम से**
- **हमारे शब्दों के माध्यम से**
- **हमारे कार्यों के माध्यम से**

जीवन में सिर्फ **दर्शक नहीं हैं - हम परमेश्वर के साथ सह-सृजनकर्ता हैं** ।

अपनी ईश्वर-प्रदत्त शक्ति का बुद्धिमानी से उपयोग कैसे करें

1. **आशा के साथ प्रार्थना करें**
    - **छोटी, संदिग्ध प्रार्थनाएँ** करना बंद करो ।
    - विश्वास रखें कि परमेश्वर **सुनता है और उत्तर देता है** ।
2. **जीवन की बात करो, मृत्यु की नहीं**
    - आपके शब्द **वास्तविकता पैदा करते हैं** - विश्वास, आशा और आशीर्वाद बोलते हैं।
    - नकारात्मक आत्म-चर्चा या शिकायत से बचें।
3. **साहसिक कदम उठाएँ**
    - बिना कर्म के प्रार्थना **अधूरी है** ।
    - यदि ईश्वर आपको कोई विचार दे तो **आगे बढ़िए और उसे कार्यान्वित कीजिए** !
4. **अपने आप को आस्थावान लोगों से घेरें**
    - विश्वास **संक्रामक है** - ऐसे लोगों के साथ समय बिताएँ जो असंभव में विश्वास करते हैं।

कार्य योजना: ईश्वर-प्रदत्त शक्ति में कैसे चलें

1. **साहसपूर्वक प्रार्थना करें - परमेश्वर से बड़ी चीज़ों की अपेक्षा करें।**
2. **अपने ऊपर, अपने परिवार पर और अपने भविष्य पर आशीषों की घोषणा करें।**
3. **परमेश्वर ने आपके हृदय में जो सपने डाले हैं, उन पर कार्य कीजिए।**
4. **भय से नियंत्रित होने से इनकार करें - इसके बजाय विश्वास चुनें।**
5. **अपनी परिस्थितियों के बारे में शिकायत करने के बजाय उनके बारे में बोलें।**

चिंतन प्रश्न:

1. क्या मैं पूरी तरह से विश्वास करता हूँ कि मेरी प्रार्थनाओं में शक्ति है?
2. क्या मैं अपने जीवन में परमेश्वर के कार्यों को सीमित कर रहा हूँ?

3. मुझे प्रार्थना शुरू करने के लिए कौन सी एक साहसिक प्रार्थना की आवश्यकता है?
4. मैं सकारात्मक परिवर्तन लाने के लिए अपने शब्दों और कार्यों का उपयोग कैसे कर सकता हूँ?

जर्नलिंग अनुभाग:

- **आज मैंने एक शक्तिशाली प्रार्थना की:**
- **मैं विश्वास का एक कदम उठा रहा हूँ:**
- **बाइबल की एक आयत जो मुझे मज़बूत करती है:**
- **एक बदलाव जिसके लिए मैं ईश्वर पर विश्वास कर रहा हूँ:**

सारांश:

बहुत से लोग **अपनी शक्ति को कम आंकते हैं**। लेकिन सच्चाई यह है कि हमारे विचार, प्रार्थना और कार्य **दुनिया को आकार देते हैं। इस अध्याय में, हम पाते हैं कि कैसे भगवान ने हमें प्रार्थना के माध्यम से जीवन को प्रभावित करने, स्थितियों को बदलने और भविष्य को प्रभावित करने की क्षमता** दी है।

अंतिम विचार और कार्रवाई

आप **कमज़ोर, शक्तिहीन या तुच्छ नहीं हैं**।
आप **परमेश्वर की संतान हैं, उसकी आत्मा से भरे हुए हैं, और महान कार्य करने के लिए बुलाए गए हैं**।

"हम कर सकते हैं! हममें से बहुत से लोग कर सकते हैं! अगर हम प्रार्थना करें, तो हम दुनिया को बदल सकते हैं।"

आप इस लिंक के माध्यम से फेसबुक पर 10 मिलियन मूवमेंट समुदाय में शामिल हो सकते हैं –

https://www.otakada.org/facebookintercessory

आप इस लिंक के माध्यम से व्हाट्सएप पर 10 मिलियन इंटरसेसर्स समुदाय में शामिल हो सकते हैं -

https://www.otakada.org/whatsappintercessory

आप इस लिंक के माध्यम से गॉड्स ईगल मिनिस्ट्रीज़ (GEM) में 10 मिलियन इंटरसेसर्स आंदोलन समन्वयकों के बारे में जान सकते हैं - https://www.otakada.org

आप दूसरी तरफ देखिए!

गॉड्स ईगल मिनिस्ट्रीज़ (GEM) अंतिम समय के लिए मध्यस्थों की सेना!

व्यक्तिगत एवं समूह प्रार्थना योजना

प्रार्थना योजना क्यों?

शक्तिशाली, प्रभावी प्रार्थना की आदत विकसित करने में मदद करेगी - चाहे आप अकेले हों या समूह में।

व्यक्तिगत प्रार्थना योजना (दैनिक दिनचर्या)

लक्ष्य: एक मजबूत, दैनिक प्रार्थना की आदत बनाएं जो परमेश्वर के साथ आपके संबंध को गहरा करे।

प्रात:कालीन प्रार्थना (10-15 मिनट)

धन्यवाद से आरंभ करें: एक और दिन के लिए, उसके आशीर्वाद और उसकी उपस्थिति के लिए परमेश्वर को धन्यवाद दें।

अपना दिन ईश्वर को समर्पित करें: बुद्धि, शांति और दिव्य अवसरों के लिए प्रार्थना करें।

अपने लिए प्रार्थना करें: शक्ति, बुद्धि, सुरक्षा और आध्यात्मिक विकास।

दूसरों के लिए प्रार्थना करें: परिवार, मित्र और वे लोग जिन्हें परमेश्वर आपके हृदय में रखता है।

विश्व के लिए प्रार्थना करें: नेता, चर्च और वैश्विक मुद्दे।

उदाहरण:
"हे प्रभु, मैं आज का दिन आपको समर्पित करता हूँ। मुझे अपनी आत्मा से भर दीजिए, मेरे कदमों का मार्गदर्शन कीजिए, और आपके प्रेम और सामर्थ्य में चलने में मेरी सहायता कीजिए।"

मध्याह्न प्रार्थना (दिन भर की फ्लैश प्रार्थनाएँ)

जिन लोगों से आप मिलते हैं या जिनके बारे में सुनते हैं उनके लिए प्रार्थना करें।

तनाव या हताशा को प्रार्थना में बदल दें।

निर्णय लेने में बुद्धि के लिए परमेश्वर से प्रार्थना करें।
उदाहरण:
"हे परमेश्वर, इस परिस्थिति में प्रेम और धैर्य से प्रतिक्रिया करने में मेरी सहायता करें।"

शाम की प्रार्थना (10-15 मिनट)

दिन पर चिंतन करें: आपने परमेश्वर को कहाँ कार्य करते हुए देखा?

जिस किसी भी चीज़ में बदलाव की ज़रूरत हो, उसके लिए पश्चाताप करें: क्षमा और विकास के लिए प्रार्थना करें।

प्रियजनों और चर्च के लिए प्रार्थना करें: परमेश्वर से प्रार्थना करें कि वह उनके जीवन में कार्य करें।

कल के लिए प्रार्थना करें: अपनी योजनाओं को समर्पित कर दें और परमेश्वर के निर्देश पर भरोसा रखें।

उदाहरण:
"प्रभु, इस दिन के लिए आपको धन्यवाद। मैं कल के लिए आप पर भरोसा करता हूँ और सब कुछ आपके हाथों में सौंपता हूँ।"

समूह प्रार्थना योजना (साप्ताहिक बैठक मार्गदर्शिका)

लक्ष्य: एक समूह के रूप में एक साथ प्रार्थना करके एकता, विश्वास और मध्यस्थता को मजबूत करना।

1 घंटे की प्रार्थना सभा के लिए सुझाई गई संरचना:

1. आरंभिक आराधना एवं धन्यवाद (10 मिनट)

- किसी **आराधना गीत** या कृतज्ञता के क्षण से शुरुआत करें।
- **प्रार्थना पर बाइबल की** कोई आयत पढ़ें (जैसे, *मत्ती 18:19-20*)।

2. व्यक्तिगत चिंतन और साक्ष्य (10 मिनट)

- पिछले सप्ताह की **प्रार्थनाओं का उत्तर** साझा करें।
- **प्रार्थना चुनौतियों और विजय** पर चर्चा करें।

3. केंद्रित प्रार्थना विषय (कुल 30 मिनट)

- **सप्ताह 1: विश्व नेताओं और शांति के लिए प्रार्थना करें (10 मिनट)**
- **सप्ताह 2: चर्च और मिशनरियों के लिए प्रार्थना करें (10 मिनट)**
- **सप्ताह 3: व्यक्तिगत विकास और आध्यात्मिक शक्ति के लिए प्रार्थना करें (10 मिनट)**
- **सप्ताह 4: वैश्विक पुनरुत्थान और खोए हुए लोगों के लिए प्रार्थना करें (10 मिनट)**

4. मौन श्रवण प्रार्थना (5 मिनट)

- परमेश्वर के मार्गदर्शन के लिए **सुनने में** समय बिताएँ ।

5. समापन प्रतिबद्धताएं और प्रोत्साहन (5 मिनट)

- प्रत्येक व्यक्ति सप्ताह के लिए **एक प्रार्थना लक्ष्य साझा करता है ।**
- **आशीर्वाद की सामूहिक प्रार्थना** के साथ समापन करें ।

प्रार्थना लॉग (अपनी प्रार्थनाओं और उत्तरों पर नज़र रखें)

प्रार्थना अनुरोधों को लिखने और उत्तर दी गई प्रार्थनाओं को ट्रैक करने के लिए इस लॉग का उपयोग करें।

Date	Prayer Request	Bible Verse to Stand On	Answered? (Yes/ No/In Progress)
02/21/ 2025	Healing for a friend	Isaiah 53:5	In Progress
02/22/ 2025	Wisdom for a big decision	James 1:5	Yes!
02/23/ 2025	Peace in a conflict	Philippians 4:7	No (Trusting God)

आपकी प्रार्थना लॉग के लिए चिंतन प्रश्न:

1. आप अपनी प्रार्थनाओं में क्या पैटर्न देखते हैं?
2. कौन सी प्रार्थनाएँ शीघ्र सुनी जाती हैं और कौन सी प्रार्थनाएँ सुनने में अधिक समय लेती हैं?
3. प्रार्थनाओं पर नज़र रखने से आपका विश्वास कैसे मज़बूत होता है?

अंतिम प्रोत्साहन: प्रार्थना करते रहो!

प्रार्थना **जीवन, राष्ट्र और इतिहास को बदल देती है** - और आपकी प्रार्थनाएँ फर्क ला रही हैं! प्रतिबद्ध रहें, उम्मीद रखें और देखें कि परमेश्वर क्या करता है।

"भलाई करने में हियाव न छोड़ो, क्योंकि यदि हम ढीले न हों, तो ठीक समय पर कटनी काटेंगे।" —गलतियों 6:9

निष्कर्ष: दुनिया आपकी प्रार्थनाओं का इंतज़ार कर रही है

कल्पना कीजिए कि आप एक दिन परमेश्वर के सामने खड़े हों और देखें कि **आपकी प्रार्थनाओं ने किस-किस जीवन को छुआ, किस-किस राष्ट्र में क्या परिवर्तन हुआ, तथा किस-किस चमत्कार को आपके प्रार्थना करने के साहस के कारण अंजाम दिया गया।**

क्या आप अधिक प्रार्थना करते?
क्या आप इससे अधिक विश्वास करते?
क्या आप समझ गए होंगे कि **प्रार्थना संसार की सबसे बड़ी शक्ति है - जिसे परमेश्वर ने आपको सौंपा है?**

सच तो यह है कि **आपकी प्रार्थनाएं मायने रखती हैं।**

- आपकी प्रार्थनाएँ **टूटे हुए दिल को ठीक कर सकती हैं।**
- आपकी प्रार्थनाएँ **विश्व के नेताओं को प्रभावित कर सकती हैं।**
- आपकी प्रार्थनाएं **नशे की जंजीरों को तोड़ सकती हैं, परिवारों को पुनःस्थापित कर सकती हैं, तथा राष्ट्रों में पुनः जागृति ला सकती हैं।**

आप जितना समझते हैं उससे कहीं अधिक शक्ति आपके पास है।

सिर्फ पढ़ें नहीं, कार्रवाई भी करें

यह **अंत नहीं है - यह जीवन** जीने के एक नए तरीके की शुरुआत है। एक ऐसा जीवन जहाँ प्रार्थना सिर्फ़ कुछ ऐसा नहीं है जो आप करते हैं, बल्कि एक ऐसी शक्ति है जिसे आप रोज़ाना इस्तेमाल करते हैं।

अब से:

निर्भयता से प्रार्थना करें।
आशा के साथ प्रार्थना करें।
ऐसे प्रार्थना करें जैसे कि दुनिया इस पर निर्भर है - क्योंकि यह वास्तव में इसी पर निर्भर है।

आपको पादरी, विद्वान या सार्वजनिक व्यक्ति होने की आवश्यकता नहीं है। आपको बस परमेश्वर को खोजने के लिए तैयार दिल और **यह विश्वास करने के लिए पर्याप्त दृढ़ विश्वास की आवश्यकता है कि वह अभी भी आगे बढ़ रहा है।**
तो, उठो,
अपना स्थान ग्रहण करो।

दुनिया आपकी प्रार्थनाओं की प्रतीक्षा कर रही है।
क्या आप इतिहास बदलने के लिए तैयार हैं?
फिर **प्रार्थना शुरू करें.**

आप इस लिंक के माध्यम से फेसबुक पर 10 मिलियन मूवमेंट समुदाय में शामिल हो सकते हैं –

https://www.otakada.org/facebookintercessory

आप इस लिंक के माध्यम से व्हाट्सएप पर 10 मिलियन इंटरसेसर्स समुदाय में शामिल हो सकते हैं -

https://www.otakada.org/whatsappintercessory

आप इस लिंक के माध्यम से गॉड्स ईगल मिनिस्ट्रीज़ (GEM) में 10 मिलियन इंटरसेसर्स आंदोलन समन्वयकों के बारे में जान सकते हैं - https://www.otakada.org

आप दूसरी तरफ देखिए!

गॉड्स ईगल मिनिस्ट्रीज़ (GEM) अंतिम समय के लिए मध्यस्थों की सेना!

जर्नलिंग अनुभाग – अध्याय 1

जर्नलिंग अनुभाग – अध्याय 2

जर्नलिंग अनुभाग – अध्याय 3

जर्नलिंग अनुभाग – अध्याय 4

जर्नलिंग अनुभाग – अध्याय 5

जर्नलिंग अनुभाग – अध्याय 6

www.ingramcontent.com/pod-product-compliance
Lightning Source LLC
LaVergne TN
LVHW060259051026
849517LV00003B/874

* 9 7 9 8 3 4 9 5 2 5 0 9 4 *